그림으로 보는 로마 이야기

그림으로 보는 로마 이야기 ❸

초판 1쇄 발행 2024년 5월 10일

글 김일옥 | **그림** 오승원 | **감수** 정기문

발행인 오형석
편집장 이미현 | **편집** 정은혜 | **디자인** 이희승
발행처 (주)계림북스
신고번호 제2012-000204호 | **등록일자** 2000년 5월 22일
주소 서울시 마포구 창전로 74 여촌빌딩 3층
대표전화 (02)7079-900 | **팩스** (02)7079-956
도서문의 (02)7079-913
홈페이지 www.kyelimbook.com

ⓒ 계림북스, 2024
이 책에 실린 글과 그림, 사진의 무단 전재나 복제를 금합니다.

ISBN 978-89-533-3553-0 74920 | 978-89-533-3547-9(세트)

3 개혁과 노예 반란

그림으로 보는
로마 이야기

글 김일옥 | 그림 오승원 | 감수 정기문

계림북스
kyelimbooks

들어가는 말

왜 모든 길은 로마로 통한다고 했을까요?

 '모든 길은 로마로 통한다'라는 말이 있어요. 실제로 로마인들이 유럽과 아프리카로 나아가는 길을 만들었고, 그 길로 많은 물자와 문화가 오고 갔답니다. 그러나 오늘날에는 어떤 분야든 로마처럼 중심이 되는 사람이나 장소 등이 있다는 뜻으로 쓰이지요. 세계사에서 로마의 역사가 미치는 영향도 그러하답니다. 로마인들이 만든 그 길을 따라가면 세계 여러 나라로 갈 수 있었던 것처럼 로마인들의 이야기를 살펴보면 많은 것을 알 수 있어요.

    정치, 법률, 경제, 문화, 예술, 건축 등 모든 일에는 역사가 있어요. 왜 이런 일이 생겨났는지, 왜 이런 제도를 만들었는지 역사를 보면 쉽게 이해할 수 있답니다. 또한 새로운 문제를 풀 수 있는 실마리를 알려 주기도 하지요.

    아주 오래전 로마 사람들의 이야기이지만, 가끔씩 오늘날의 우리 모습과 너무 비슷해서 깜짝 놀랄 때도 있었어요. 우리가 어떤 해답을 찾아야 할 때 〈그림으로 보는 로마 이야기〉가 도움이 될 거예요. 그럼 우리 함께 재미있는 로마인들의 이야기 속으로 들어가 볼까요?

김일옥

차례

그라쿠스 형제의 토지 개혁

- **티베리우스 그라쿠스의 개혁** ······················ 12
  - 귀족과 평민의 사회적 격차가 커졌어요
  - 티베리우스 그라쿠스가 개혁을 꿈꿨어요
  - 비겁한 항복으로 로마 병사를 구했어요
  - 토지 개혁을 추진했어요

로마 이야기 배움터 ······················ 20
귀족 신분을 버려야 호민관이 될 수 있어!

  - 티베리우스가 로마 시민들에게 호소했어요
  - 원로원과의 대립이 심해졌어요
  - 티베리우스가 암살당했어요

- **가이우스 그라쿠스의 개혁** ······················ 28
  - 가이우스 그라쿠스가 수많은 개혁 법안을 만들었어요
  - 새로운 경쟁자가 등장했어요
  - 가이우스가 선거에 패했어요
  - 가이우스 일파가 학살당했어요
  - 그라쿠스 형제의 죽음 이후

로마 이야기 배움터 ······················ 38
로마의 명문가, 그라쿠스 가문

로마 이야기 놀이터 ······················ 40
다른 그림 찾기

마리우스의 군사 개혁

- **마리우스의 등장** ······················ 44
  - 마리우스가 군대에서 경력을 쌓았어요
  - 누미디아에서 유구르타 전쟁이 지속되었어요
  - 마리우스가 유구르타 전쟁을 끝냈어요

- 로마 이야기 배움터 ·········· 50

로마의 다양한 관직들

  – 게르만족이 내려왔어요

  – 킴브리 전쟁에서 로마군이 전멸했어요

  – 마리우스가 지휘관으로 뽑혔어요

  – 마리우스가 군대를 개혁했어요

  – 마리우스가 로마를 위기에서 구했어요

- 로마 이야기 배움터 ·········· 62

게르만족은 어떤 민족일까?

- **혼란스러운 로마** ·········· 64

  – 군인들에게 퇴직금으로 토지를 줬어요

  – 사투르니누스와 정치적 동맹을 맺었어요

  – 사투르니누스를 살릴까? 죽일까?

  – 마리우스가 정계에서 은퇴했어요

- 로마 이야기 배움터 ·········· 72

빵과 서커스

- **동맹시 전쟁** ·········· 74

  – 이탈리아 동맹시의 불만이 쌓여 갔어요

  – 이탈리아 동맹시들이 반란을 일으켰어요

  – 동맹시 전쟁이 확대되었어요

  – 로마의 반격이 시작되었어요

  – 로마가 승리했어요

  – 진정한 통일을 이루었어요

  – 그리스 도시 국가들이 로마에 대항했어요

  – 마리우스가 동방 원정 지휘권을 원했어요

  – 마리우스와 술라의 내전이 시작되었어요

- 로마 이야기 놀이터 ·········· 92

미로 찾기

술라의 공포 정치

- 술라의 1차 로마 진군 ········· 96
  - 술라와 마리우스가 지휘권을 두고 다투었어요
  - 마리우스가 아프리카로 달아났어요
  - 로마의 집정관에게 로마가 정복당했어요
  - 술라가 다시 그리스로 떠났어요
  - 마리우스가 로마로 돌아왔어요
  - 마리우스의 죽음과 킨나의 시대
  - 술라가 전쟁에서 승리했어요

  로마 이야기 배움터 ········· 110
  술라는 어떤 사람일까?

- 술라의 2차 로마 진군 ········· 112
  - 그리스에서 로마로 진군하는 술라
  - 술라가 내전에서 승리했어요
  - 포룸에 살생부를 내걸었어요
  - 술라의 공포 정치가 시작되었어요
  - 술라가 종신 독재관이 되었어요
  - 개혁을 시작했어요
  - 술라가 은퇴하고 시골로 내려갔어요
  - 원로원 중심의 로마 공화정이 서서히 무너졌어요

  로마 이야기 배움터 ········· 128
  마리우스와 술라의 싸움이 로마 공화정을 무너뜨리다

  로마 이야기 놀이터 ········· 130
  알맞은 것끼리 연결하기

스파르타쿠스의 노예 반란

- 로마의 노예 전쟁 ·············· 134
  - 노예들의 삶은 비참했어요
  - 검투사들의 탈주가 시작되었어요

로마 이야기 배움터 ·············· 138
로마의 검투사들

  - 노예 반란군이 토벌대를 물리쳤어요
  - 로마군의 뒤통수를 쳤어요
  - 토벌군이 크게 패했어요
  - 스파르타쿠스, 자유의 투사가 되다
  - 로마 역사 최대의 노예 전쟁으로 확대되었어요

- 노예 반란군을 응징하라 ·············· 150
  - 노예 반란군이 둘로 나뉘었어요
  - 로마군이 달아났어요
  - 로마군을 포로로 잡았어요
  - 북쪽으로 가다가 다시 남쪽으로 내려왔어요

  - 크라수스가 8개의 군단으로 공격해 왔어요
  - 잔인한 크라수스의 전략, 10분의 1형
  - 스파르타쿠스는 시칠리아로 가려고 했어요
  - 심리전에 휘말렸어요
  - 최후의 결전을 벌였어요
  - 황제처럼 싸우다 죽었어요
  - 스파르타쿠스의 반란이 실패했어요

로마 이야기 배움터 ·············· 172
고대 로마 사회의 노예 생활은 어땠을까?

로마 이야기 놀이터 ·············· 174
순서대로 번호 쓰고 이야기 만들기

로마 이야기 놀이터 정답 ·············· 176

〈부록〉 로마 제국 연표

포에니 전쟁에서 승리한 로마는 지중해의 실질적인 주인이 되었어요.

귀족들은 전쟁으로 생긴 이익, 즉 막대한 전쟁 포상금과 광대한 농장을 가지게 되었지요.

하지만 목숨 바쳐 싸운 로마 시민들은 오히려 더 가난해졌어요.

이때 어수선한 로마 사회를 개혁하고자 하는 사람이 나타났어요. 바로 그라쿠스 형제였지요. 과연 그라쿠스 형제의 개혁은 성공했을까요?

티베리우스 그라쿠스의 개혁

귀족과 평민의 사회적 격차가 커졌어요

로마는 신분 사회였지만 평민도 귀족이 될 수 있었어요. 귀족이 되는 가장 빠른 방법은 최고 관직인 집정관이 되는 것이지요. 귀족과 평민들의 경제적인 차이도 처음에는 그렇게 크지 않았어요. 하지만 기원전 202년 제2차 포에니 전쟁 이후 로마 사회는 급격하게 변했어요. 귀족들은 전쟁 중에 획득한 땅을 사들여 대농장을 만들었고, 전쟁 포로를 노예로 만들어 농장에서 일하게 했어요.

그라쿠스 형제의 토지 개혁

전쟁에 나갔다 돌아온 농민들의 땅은 황무지로 변해 있었어요. 오랫동안 땅을 관리하지 못한 탓이었지요. 농민들은 귀족들에게 땅을 싼값에 팔고 도시로 나가 일거리를 찾아야 했어요.

이때 로마의 그라쿠스 가문에서는 훗날 개혁가로 이름 높은 두 형제가 태어났어요. 약 열 살 터울의 이 형제는 티베리우스 그라쿠스와 가이우스 그라쿠스였어요.

형제끼리 잘 지내야 한다.

둘이 서로 의지해야지.

티베리우스 그라쿠스가 개혁을 꿈꿨어요

로마의 많은 시민이 그러하듯 티베리우스 그라쿠스도 십 대 시절부터 군 복무를 시작했어요. 기원전 137년, 티베리우스는 집정관 만키누스와 함께 누만티아로 가고 있었어요. 그때 그는 많은 농민이 고향을 떠나 도시로 가는 모습을 보았어요. 도시로 들어온 농민들은 일자리를 찾지 못해 거의 대부분 빈민이 되었지요.

그라쿠스 형제의 토지 개혁

그들의 초라한 모습은 티베리우스에게 큰 충격으로 다가왔어요.

"로마는 부유해졌는데, 로마 시민은 왜 가난해졌지?"

도시 빈민이 늘어나자 여러 가지 사회 문제들이 생겨나기 시작했어요.

무엇보다 큰 문제는 군대에 갈 사람이 점점 줄어든다는 것이었지요.

군 복무를 마치고 고향에 돌아온 사람들도 미래가 암담하긴 마찬가지였어요.

로마 사회는 조금씩 혼란스러워지고 있었어요.

비겁한 항복으로 로마 병사를 구했어요

누만티아에 도착한 로마 군대는 운이 좋지 못했어요. 로마군은 싸움에서 계속 밀리다가 후퇴를 했고, 결국 적에게 포위를 당했답니다.

그런데 누만티아인들은 힘센 로마와 싸우고 싶지 않았어요. 그걸 알아챈 티베리우스는 누만티아인들과 평화 협정을 맺었어요.

그 덕분에 2만여 명의 로마 병사들이 무사히 로마로 돌아올 수 있었지만 원로원에서는 이 일을 두고 비겁한 항복이라고 비난했어요.

그라쿠스 형제의 토지 개혁

"저도 협상이 결코 영웅적인 일이라 생각하지 않습니다. 그러나 2만 명의 로마 병사들이 모두 그 자리에서 목숨을 잃었어야 했단 말입니까?"
로마 시민들은 티베리우스의 행동이 옳았다고 여겼어요. 하지만 원로원은 누만티아 협정의 책임을 물어 총지휘관이었던 만키누스를 처벌했어요. 티베리우스는 시민들의 지지와 응원 덕분에 살아남을 수 있었지요.

토지 개혁을 추진했어요

기원전 134년, 티베리우스는 로마 시민들을 보호하는 호민관이 되었어요. 호민관은 법을 만들 수 있는 권한이 있었는데, 티베리우스는 새로운 농지법을 만들고자 했어요.

"국가 소유의 공유지를 한 사람이 많이 가질 수 없게 합시다. 부자들이 법을 어기고 차지하고 있는 많은 땅을 몰수하여 농민들에게 나눠 줍시다."

평민들은 티베리우스의 개혁 법안을 환영했지만, 귀족들은 화를 냈지요.

그라쿠스 형제의 토지 개혁

"공유지라고 해도 오랫동안 갖고 있었기 때문에 사유 재산이나 같다. 땅을 빼앗아 가겠다니…… 지금 우리와 싸우자는 거냐?"
귀족들은 수십 년 동안 전쟁 노예와 대농장으로 불린 재산을 잃고 싶지 않았어요. 특히 원로원 귀족들의 반발이 매우 컸답니다. 그래서 티베리우스는 원로원의 승인 절차를 무시하고 직접 민회에 법안을 제출했어요. 민회에서 통과된 법안은 즉시 효력을 발휘하기 때문이었지요.

로마 이야기 배움터

귀족 신분을 버려야 호민관이 될 수 있어!

호민관은 귀족과 평민의 신분 투쟁 과정에서 만들어진 로마의 독특한 관직이랍니다. 로마 평민회에서 선출되기 때문에 귀족은 호민관이 될 수 없어요. 호민관은 귀족들 특히 관직에서 일하는 관리들의 횡포를 막고, 평민의 생명과 재산을 보호하는 일을 했어요. 호민관은 법률을 만들 수 있는 권리가 있고, 때로는 원로원이나 집정관의 결정을 거부할 권리도 있답니다. 원로원을 소집하고 청원할 권리도 있지요.

호민관의 집 대문은 언제나 활짝 열려 있었어요. 도움이 필요한 평민들이 언제든지 찾아와 도움을 청할 수 있게 하기 위해서였지요. 그래서 호민관은 도시 밖으로 나갈 수도 없었답니다.

로마 공화정 초기에는 호민관이 2명이었는데, 나중에는 10명으로 늘어났어요. 하지만 로마 공화정이 쇠퇴하면서 호민관도 사라졌어요. 로마 황제가 평민을 보호하는 호민관의 역할을 하겠다고 나섰기 때문이지요.

티베리우스가 로마 시민들에게 호소했어요

티베리우스는 농지법 통과를 위해서 사람들이 많이 모여 있는 포룸 광장을 돌아다녔어요.

"전쟁터에서 지휘관들은 조상의 무덤과 제단을 지키기 위해서 적과 싸워야 한다고 말합니다. 이제 그 말은 새빨간 거짓말이 되었습니다. 로마의 시민들이여, 들에 사는 짐승들도 자기의 보금자리가 있는데 어째서 우리는 가정을 보호할 손바닥만 한 땅도 없이 죽어야 합니까?"

로마 사람들은 농지법을 매우 반겼지만, 다른 호민관의 반대로 통과되지 못했어요. 그러자 티베리우스는 민회에 호민관을 해임시킬 수 있는 법안을 제출했어요.
"로마 평민의 뜻을 거스르는 호민관을 호민관이라 할 수 있겠습니까?"
그러자 로마 평민들로 구성된 민회에서는 농지법을 반대하는 호민관을 해임시켜 버렸답니다. 그리고 얼마 지나지 않아 농지법은 압도적인 찬성을 받으며 통과되었지요.

원로원과의 대립이 심해졌어요

농지법의 통과로 티베리우스가 승리한 듯 보였어요. 하지만 농지법을 실행할 예산이 없었어요. 원로원에서 농지법을 실행에 옮길 예산을 아주 조금만 주었기 때문이었지요. 이때 로마의 속국이었던 페르가몬 왕국의 왕이 죽으면서 자신의 영토와 재산을 로마에 준다고 했어요. 그러자 티베리우스는 왕의 유산을 토지 개혁을 위해서 쓰자고 했어요.

이 일로 티베리우스 지지자들과 원로원 귀족들의 대립은 더욱 심해졌지요. 원로원 귀족들은 나라 재산의 처분은 원로원의 권한인데 호민관이 무시했다며 발끈했어요. 기원전 133년, 티베리우스는 새로운 법을 만들어서 시민들의 군 복무 기간을 단축하고 원로원의 권한을 축소하려고 했어요. 그리고 그는 호민관의 재선을 시도했어요.

★**재선** 두 번째 당선한 걸 말해요.

그라쿠스 형제의 토지 개혁

예상대로 원로원 귀족들은 반발했지요.
"티베리우스가 법을 무시하고
또다시 호민관이 되려는 것은
왕이 되려고 하는 수작이오.
이대로 가다가는 로마 공화정이
무너질 것이오."

티베리우스가 암살당했어요

티베리우스의 호민관직 재선을 위한 민회가 열리는 날 카피톨리노 언덕에서 집회가 있었어요. 카피톨리노 언덕은 티베리우스를 지지하는 사람들과 반대하는 사람들로 아수라장이었지요.

밀고 당기는 실랑이가 한창이던 때, 티베리우스는 자신의 주변이 온통 반대파 사람들로 둘러싸였다는 걸 알아챘어요. 티베리우스는 목숨이 위험하다고 생각하여 자신의 머리를 가리켰어요.

그라쿠스 형제의 토지 개혁

"저것 보시오. 티베리우스가 자신에게 왕관을 달라고 합니다. 배신자를 죽여 위대한 로마 공화정을 지킵시다."
반대파 사람들이 갑자기 티베리우스와 그의 지지자들에게 무기를 휘둘렀어요. 결국 티베리우스와 그의 지지자들 약 300명은 카피톨리노 언덕에서 죽고 말았답니다. 로마의 역사가들은 이 사건이 폭력으로 시민을 죽인 최초의 사건이자 이후 100년 동안 이어진 내전의 불씨였다고 말한답니다.

가이우스 그라쿠스의 개혁

가이우스 그라쿠스가 수많은 개혁 법안을 만들었어요

티베리우스가 죽은 지 약 10년 후, 동생 가이우스 그라쿠스가 군 복무를 마치고 로마로 돌아왔어요. 사람들은 기대에 찬 눈으로 가이우스를 바라보았고, 그 역시 형의 뒤를 이어 로마 사회를 좀 더 나은 사회로 바꾸고 싶어 했어요. 기원전 123년, 동생 가이우스 그라쿠스는 호민관에 취임하였지요.

그라쿠스 형제의 토지 개혁

가이우스는 북쪽 에트루리아에서부터 남쪽 타렌툼까지 이어지는 이탈리아 공동체를 만들고 싶었어요. 그는 이탈리아반도의 도로들을 재정비하기 시작했어요.

그 무렵 북아프리카의 농작물이 메뚜기 떼에 습격당하는 바람에 로마로 들어오는 곡물이 부족해졌어요. 식량값이 폭등하자, 가이우스는 정부가 곡물을 사들여 싼 가격으로 시민들에게 판매하자고 했어요. 당연히 로마 사람들은 가이우스의 이름을 열렬하게 외치며 지지했지요.

새로운 경쟁자가 등장했어요

가이우스의 개혁은 형보다 훨씬 더 급진적이었어요. 그는 로마 병사들이 자기 돈으로 부담해야 하는 군 복무 비용을 나라에서 지불하게끔 했어요. 또한 배심원이 될 수 있는 자격을 원로원 의원뿐만 아니라 기사 계급에도 나누어 주었어요. 폐허가 된 카르타고도 다시 일으켜 로마의 새로운 식민지로 만들겠다고 로마 시민들에게 약속했지요.

그라쿠스 형제의 토지 개혁

이때 가이우스의 경쟁자가 등장했어요. 원로원에서 밀어주는 새로운 호민관 드루수스였어요.

"겨우 카르타고? 가이우스는 배포가 작구나. 나는 새로운 식민지 열두 곳을 로마 시민들의 품에 안겨 줄 거야."

호민관 드루수스는 더 달콤한 말도 속삭였지요.

"식민지의 땅은 물론이고 그곳에 정착할 자본금도 주지."

가이우스가 선거에 패했어요

가이우스는 이탈리아인들에게도 로마 시민권을 주자고 했어요. 이탈리아반도의 여러 도시들은 동맹의 형태로 오랫동안 로마와 함께 지내 왔지만 로마 시민은 아니었어요. 우월 의식을 가지고 있었던 로마 시민들은 자신들의 특권을 다른 이들과 나누고 싶지 않았어요.

게다가 로마에는 그라쿠스 형제를 오랫동안 싫어하던 사람들도 있었지요. 그 대표적인 인물인 오피미우스가 집정관에 당선되자 그들의 정치적 싸움은 더 심해졌어요.

그라쿠스 형제의 토지 개혁

이때 집정관 오피미우스를 수행하는 릭토르*가 가이우스의 지지자들에게 죽임을 당했어요. 원로원은 즉시 가이우스와 지지자들을 '폭도'라면서 맹렬히 비난했지요. 이에 대한 시민들의 반응은 시큰둥했어요.
"당신들은 예전에 티베리우스와 그의 지지자들 300명을 죽여 테베레강에 버렸다. 그 일에 대해선 아무런 말도 하지 않으면서 지금 가이우스를 비난하는가?"

★**릭토르** 고대 로마에서 파스케스를 들고 다니며 수행하던 사람을 가리켜요.

가이우스 일파가 학살당했어요

원로원은 시민들에게 모욕을 당했다고 생각했어요. 원로원은 비상사태를 선포하면서 집정관 오피미우스에게 폭도들을 처벌하라고 했지요. 그러자 가이우스를 지키기 위해 지지자들이 아벤티노 언덕으로 모여들었고, 오피미우스는 로마의 포럼에 군대를 배치했어요.

가이우스와 지지자들은 대규모의 희생이 생기는 것을 막고, 훗날을 도모하고자 했어요. 그들은 아벤티노 언덕을 빠져나왔지만 추격하는 군대에 의해 모두 죽고 말았답니다.

그라쿠스 형제의 토지 개혁

이후에도 오피미우스는 그라쿠스 가문을 지지하는 약 3천 명의 사람들까지 모조리 죽였답니다. 오피미우스는 무고한 시민들을 학살하고도 그 사실을 자랑스럽게 여겼어요. 오히려 자신이 로마 사회를 안정시켰다고 떠들어 댔지요. 로마 사람들은 분노했지만 감히 나서서 그를 처단할 사람이 없었답니다.

아직 할 일이 많은데….

다 로마를 위한 일이야.

그라쿠스 형제의 죽음 이후

로마는 그라쿠스 형제의 개혁이 실패했다고 생각했어요. 그런데 누군가 그라쿠스 형제가 죽은 장소에 그들의 조각상을 만들어 세워 두었어요. 해마다 마치 신전을 찾듯이 많은 사람이 형제의 조각상 앞에 무릎을 꿇고 제물을 바치기도 했어요. 이러한 로마 시민들의 마음은 그라쿠스 형제의 개혁을 계속 이어 나가게 만들었지요.

그라쿠스 형제는 죽고 없었지만 그들이 추진한 개혁안은 계속 살아남았어요. 로마의 도로는 계속 만들어졌고, 시민들은 싼값에 곡식을 살 수 있었지요. 농민들은 작은 땅이나마 받을 수 있었고요.

로마 시민들은 처음에는 입도 달싹하지 못했지만, 얼마 지나지 않아 그라쿠스 형제를 순교자처럼 존경하며 그들을 기억했답니다.

로마 이야기 배움터

로마의 명문가, 그라쿠스 가문

그라쿠스 집안은 로마에서 아주 유명했답니다. 어머니 코르넬리아는 제2차 포에니 전쟁에서 한니발을 무찌른 스키피오의 딸이었고, 아버지는 집정관이자 개선식을 두 번이나 치른 훌륭한 장군이었어요. 단순히 전쟁에서 승리했다고 모두가 개선식을 치를 수 있는 건 아니었어요. 원로원에서 특별히 업적이 높다고 평가하면 개선식을 허가해 준답니다. 그러니 개선식을 치렀다는 것은 로마 시민이 가질 수 있는 최고의 명예였지요.

개선식은 장군이 자신들의 병사들과 함께 위풍당당하게 전리품을 들고 유피테르 신전으로 가는 걸 말해요. 그 과정에서 로마 시민들은 전쟁 중에 로마 군단들이 모은 금은보석, 이국적인 공예품, 전승 기념물, 노예들을 구경하지요. 행진이 끝난 뒤에 개선장군은 연회를 열거나 죽은 동료 병사들을 추모하기 위해 검투 경기를 열기도 했어요.

로마 이야기 놀이터

귀족과 평민의 빈부 격차가 커지자 로마 사회를 바꾸기 위해 그라쿠스 형제가 여러 가지 개혁을 이끌었어요. 두 그림에서 다른 부분 다섯 군데를 찾아 ○ 해 보세요.

그라쿠스 형제가 죽은 이후, 로마 공화정은 더 혼란스러워졌어요. 강력했던 로마 군대도 점점 힘을 잃어 갔지요. 시민층의 몰락으로 전쟁에 나갈 병사도 없고 싸울 의지도 없었어요. 하지만 이러한 때에 뛰어난 군사적 재능을 지닌 새로운 지도자, 가이우스 마리우스가 등장했어요. 마리우스는 군대를 개혁하여 위기에 빠진 로마를 구한답니다. 그 이야기 속으로 들어가 보아요.

마리우스의 군사 개혁

마리우스의 등장

마리우스가 군대에서 경력을 쌓았어요

가이우스 마리우스는 평민으로 태어나 기사 계급 출신이었지만 로마 귀족들이 볼 때는 보잘것없는 신분이었지요. 하지만 그는 일찍부터 군대에서 뛰어난 능력을 보였어요. 기원전 130년대에는 히스파니아에서, 기원전 120년대에는 갈리아에서 군 복무를 하면서 이름을 날렸답니다. 병사들에게 인기가 많아지자, 로마 귀족인 메텔루스 가문이 그를 후원했어요.

★**히스파니아** 고대 로마에서 이베리아반도(현재의 포르투갈, 에스파냐, 영국령 지브롤터 등)를 일컬어요.
★**갈리아** 고대 유럽 지역으로, 현재의 프랑스·벨기에·스위스 등을 말해요.

마리우스의 군사 개혁

메텔루스 가문의 도움으로 호민관과 재무관 등에 선출되었지만 마리우스의 정치적 역량은 그다지 뛰어나지 못했어요. 그런데 그즈음 지중해 반대편 아프리카 북쪽 누미디아에서 내란이 일어났어요. 로마 원로원은 처음에는 별 관심이 없었지만, 누미디아에서 무역을 하던 로마 시민들이 많이 죽자 로마군을 파견했지요. 총지휘관은 집정관인 메텔루스이고 마리우스는 그를 보좌하는 부사령관이 되어 누미디아로 향했어요.

누미디아에서 유구르타 전쟁이 지속되었어요

"로마 시민이 죽은 건 실수였소. 배상하겠소."
누미디아의 내란에서 승리한 유구르타 왕은 로마의 복잡한 정치 상황을 아주 잘 아는 사람이었어요. 그는 막대한 뇌물을 뿌리면서 로마의 군사적 개입을 막았어요. 당시 로마는 알프스 너머 북쪽 국경 지대가 위험했기 때문에 누미디아를 별로 신경 쓰고 싶지 않았어요. 하지만 로마 시민들은 유구르타가 원로원에 뿌린 뇌물과 쥐꼬리만 한 배상금에 분노했어요.

마리우스의 군사 개혁

"유구르타 왕을 죽여 로마의 정의를 보여 줘라!"
결국 기원전 111년 로마는 누미디아와 맞붙었는데, 유구르타 왕은 잦은 속임수와 게릴라 작전으로 로마군을 골탕 먹이기 일쑤였지요.
게다가 마리우스는 군대의 지휘 문제나 전략 전술에 있어서 총사령관 메텔루스와 의견 충돌이 많았어요.
"지휘관은 나야. 억울하면 자네가 집정관이 되어 지휘해 보든가!"

마리우스가 유구르타 전쟁을 끝냈어요

메텔루스의 비웃음을 받은 마리우스는 로마로 돌아와 집정관 자리에 도전했어요.

"로마 시민 여러분, 제게 총지휘권을 주십시오. 빠른 시간 내에 전쟁을 끝내겠습니다."

로마 시민들은 메텔루스 대신 마리우스를 새로운 지휘관으로 선택했어요. 집정관에 당선된 마리우스는 가난한 사람들도 군대에 들어올 수 있도록 해 주었지요. '로마 병사'라는 직업이 생긴 사람들은 가난에서 벗어날 수 있다는 희망을 품고 용감하게 전쟁터로 달려갔답니다.

마리우스의 군사 개혁

유구르타 왕은 자신과 친한 이웃 나라의 보쿠스 왕에게로 도망갔어요. 이때 마리우스 군대의 재무관이었던 술라가 보쿠스 왕과 협상을 하게 되었어요.
"보쿠스 왕이여, 로마의 형제가 되겠습니까? 로마의 적이 되겠습니까?"
보쿠스 왕은 술라의 말에 설득되어 유구르타 왕을 로마에 넘겨주었어요.
마리우스는 5년이나 끌어오던 누미디아와의 전쟁을 끝냈지만, 유구르타 왕을 잡은 공로는 술라가 가져갔지요.

로마 이야기 배움터

로마의 다양한 관직들

로마에서 고위 관리가 되기 위해서는 10년 동안 군 생활을 해야 한답니다. 군 복무가 끝나야만 관직의 사다리에 오를 자격을 얻게 되지요.
가장 첫 단계는 재무관이에요. 로마의 재무, 회계, 기록 관리 업무를 하지요.
두 번째 단계는 안찰관이에요. 새로운 도로나 멋진 수도교를 건설하여 로마 시민들에게 눈도장을 찍은 안찰관은 법무관에 도전할 수 있어요.

재산을 정직하게 신고하지 않으면 나한테 고발당할걸.

재무관

카이사르도 안찰관 시절부터 이름이 알려지기 시작했단다.

안찰관

세 번째는 법무관으로 속주의 행정과 군사 작전, 사법 절차 등 모든 책임을 도맡아요. 보통 여기까지가 평민들도 오를 수 있는 최고의 자리였지요.
로마 최고의 관리는 단연코 집정관이에요. 집정관은 로마 시민 최고의 명예이자 최고의 관직이에요. 일반적으로는 로마의 전통적인 권위가 있는 귀족 집안에서 집정관이 배출되었어요. 하지만 특별한 공을 세워 귀족이 되고 나서 집정관이 된 경우도 있지요.

게르만족이 내려왔어요

기원전 120년, 유틀란트반도에 살던 게르만족이 바닷물의 범람과 흉년으로 먹고살기 힘들어지자 정착할 새로운 땅을 찾아 남쪽으로 내려왔어요. 로마인들이 볼 때 게르만족은 붉은 칠을 한 얼굴과 커다란 몸집, 지저분한 옷차림을 한 침략군이었지요. 로마는 알프스 너머에서 게르만족이 어슬렁거리는 상황이 영 달갑지 않았어요. 그래서 게르만족에게 새 땅을 안내해 주겠다면서 노레이아 지방으로 유인했어요.

★**유틀란트반도** 북유럽에 위치한 반도로, 대부분 덴마크 영토이며 남부는 독일이 차지하고 있어요.

마리우스의 군사 개혁

그러고는 몰래 숨어 있던 로마군이 그들을 덮쳤는데, 오히려 게르만족 전사들에게 당하고 말았어요. 게르만족의 전투력이 굉장했거든요. 굴욕적인 패배를 맛보았지만 그나마 다행이었던 건 게르만족이 이탈리아반도로 넘어오지 않았다는 거예요. 게르만족은 계속해서 자신들이 살 땅을 찾아 이베리아반도로 내려갔어요.

킴브리 전쟁에서 로마군이 전멸했어요

이베리아반도까지 내려갔던 게르만족이 다시 갈리아 지방으로 올라왔어요. 심지어 또 다른 게르만족까지 계속해서 내려오고 있었어요. 어디에도 그들이 살아갈 빈 땅은 없었지요.

"로마인들이여, 우리를 고용하시오. 그 대가로 우리가 살 땅만 주면 되오."

하지만 로마는 그 엄청난 무리들을 받아들일 생각도 여력도 없었어요.

마리우스의 군사 개혁

게르만족이 먼저 공격하지는 않았지만 로마와의 충돌은 피할 수 없었지요. 결국 킴브리족을 중심으로 한 게르만족과 로마는 맞붙게 되었고, 로마는 잇따라 패배했어요. 게다가 아라우시오 전투에서는 8만여 명의 로마군이 전멸하는 사태까지 발생했어요. 게르만족의 강인한 힘과 험상궂은 외모에 대한 공포가 로마 전역으로 퍼져 나갔어요.

마리우스가 지휘관으로 뽑혔어요

위기의식을 느낀 로마인들은 게르만족을 물리칠 사람으로 마리우스를 뽑았어요. 하지만 마리우스에게는 강인한 게르만족과 싸울 병사가 없었어요. 마리우스의 군사들은 대부분 누미디아의 질서를 지키기 위해 아프리카에 남아 있었고, 게르만족과의 전쟁에서 이미 12만여 명의 로마 병사들이 죽었으니까요.

위기 상황이라 여긴 원로원은 마리우스의 군대 개혁을 허락했어요.
"저의 군대에 지원하십시오. 무기도 줄 것이고 월급도 주겠습니다! 군 복무가 끝나면 새로운 땅이 여러분을 기다리고 있을 겁니다."

마리우스는 새로운 군대를 만들어 갈리아 지방으로 달려갔어요. 그곳에서 마리우스는 그리스식의 엄격한 밀집 대형을 버리고 로마의 융통성 있는 군사 개혁안들을 마련했지요.

마리우스가 군대를 개혁했어요

마리우스가 군대에 도입한 혁신안은 병사들의 체력 단련과 속도를 높이기 위한 것이었어요. 또한 그는 군대 뒤를 따라다니는 물자 수송대를 없애고 병사들이 직접 자신의 군장을 짊어지게 했어요. 사람들은 그들을 '마리우스의 노새'라고 놀리기도 했지요. 무기와 담요, 옷, 식량을 등에 짊어진 병사들의 모습이 마치 짐을 싣고 다니는 노새 같았거든요. 하지만 이 방법은 군대의 전투력을 크게 높여 주었어요.

마리우스의 군사 개혁

뿐만 아니라 창 촉의 접합 부분에 납을 사용해 새로운 창을 만들기도 했어요. 보통 전투가 시작되면 창을 던지는데, 적들이 이 창을 주워 되던질 수 있었지요. 하지만 마리우스가 개발한 새 창은 한 번 사용하면 찌그러져 재사용이 불가능했어요.

또한 마리우스는 개별 군단마다 고유한 동물을 상징으로 삼던 관행을 없애고, 독수리를 모든 로마 군단의 보편적인 상징으로 만들었어요.

이런, 다시 못 쓰겠네.

59

마리우스가 로마를 위기에서 구했어요

기원전 102년, 로마는 게르만족의 움직임을 계속 지켜보고 있었어요. 게르만족이 남쪽으로 내려가다가 둘로 갈라졌다는 소식을 듣고, 마리우스는 이들을 하나씩 격파할 생각이었지요.

마리우스는 3만여 명의 군대를 이끌고 갈리아의 남부 지역 론강 어귀에서 게르만족을 만났어요. 오랫동안 게르만족을 분석했던 마리우스는 일단 길을 터서 그들이 지나가게 한 다음, 뒤에서 집중적인 투창 공격과 압박 전술로 게르만족을 물리쳤답니다.

마리우스의 군사 개혁

하지만 알프스를 넘어 북이탈리아에 도착한 게르만족과 맞붙었던 또 다른 로마의 집정관 카툴루스의 군대는 전투에서 지고 말았어요. 이로 인해 이탈리아로 들어가는 길이 뻥 뚫린 셈이었지요.
소식을 들은 마리우스는 급하게 말을 몰아 달려갔어요. 게르만족은 마리우스 군대도 별 볼 일 없다 여겼지만 마리우스에게 전멸당하고 말았지요.

로마 이야기 배움터

게르만족은 어떤 민족일까?

키가 크고 금발에 눈이 파란 백색 인종을 흔히 게르만족이라고 불러요. 이들은 스칸디나비아반도의 남부에서 유틀란트반도와 독일 북부에 이르는 지역에 살았지만 점차 흑해 연안에서 라인강 유역까지 퍼져 나갔어요.
그러다가 기원전 120년, 유틀란트반도에 대기근이 닥치자 이곳에 살던 게르만족의 일파인 킴브리족과 테우토네스족 등이 살 곳을 찾아 남쪽으로 내려오다가 로마와 맞닥뜨리게 된 것이지요.

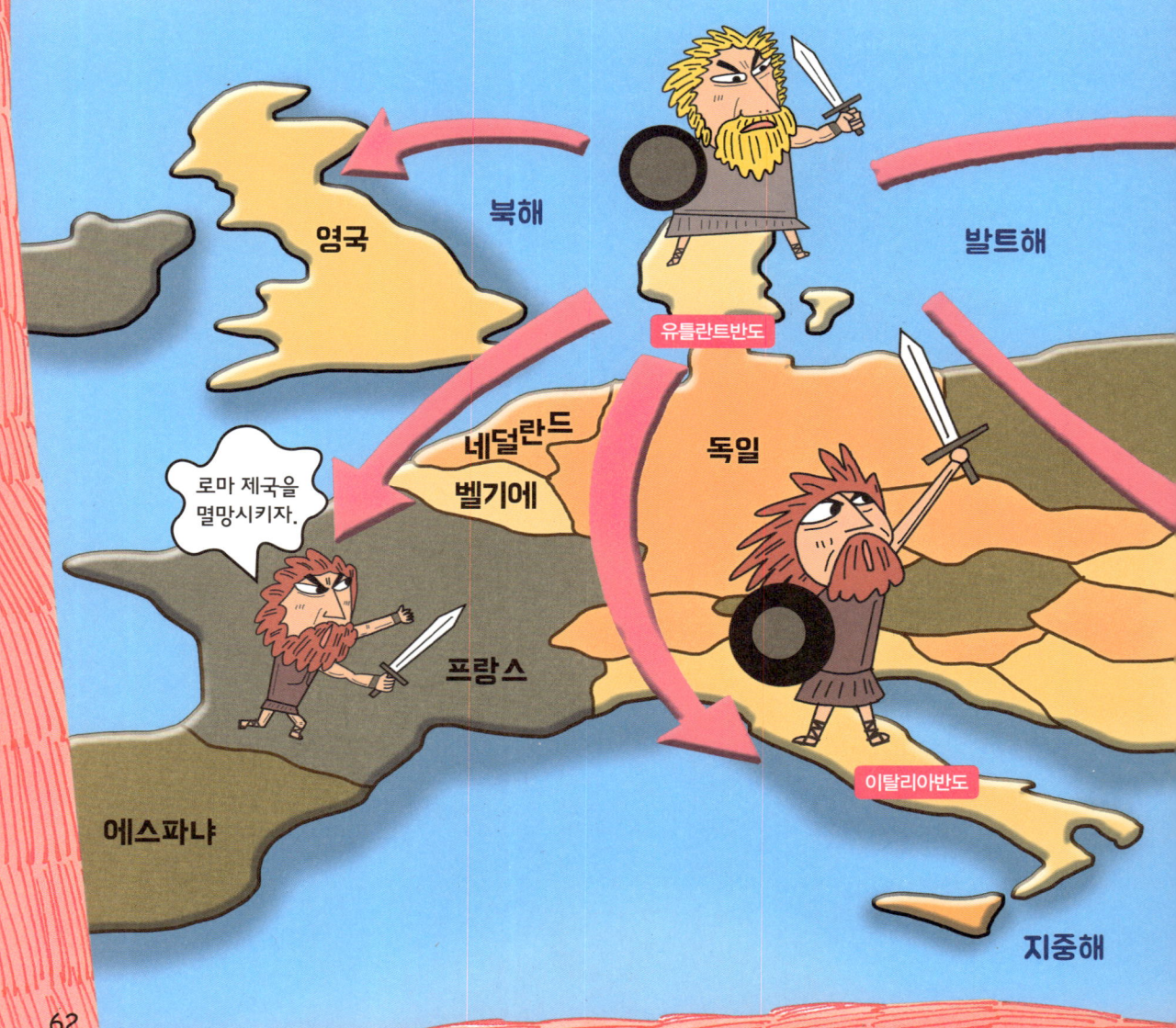

로마는 게르만족이 이탈리아반도로 들어올까 봐 수차례 군대를 보냈지만 로마 역사상 가장 크게 패배했어요. 다행히 마리우스의 군제 개혁으로 게르만족을 거의 전멸시키면서 위기에서 벗어났지만, 이는 곧 로마 공화정이 무너지고 로마 황제의 제정 시대를 열게 된 계기가 되었답니다.

4세기경 훈족의 침입으로 또 다른 게르만족의 대이동이 시작되었고, 많은 게르만족이 로마로 들어오게 돼요. 이 시기에 게르만족은 독일, 네덜란드, 영국 등 유럽 각지에 여러 게르만 왕국을 이루었지요.

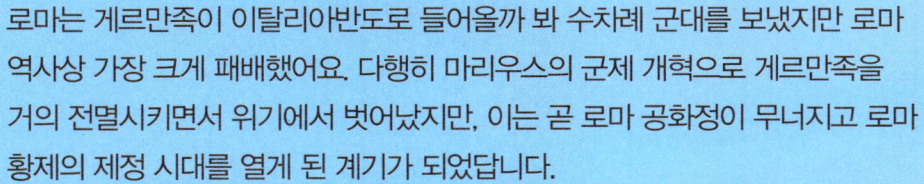

군인들에게 퇴직금으로 토지를 줬어요

로마인들은 게르만족의 위협에서 벗어났다는 소식에 환호했어요. 화려한 개선식과 보름 동안 감사 축제를 열기도 했지요. 승리의 주역인 마리우스는 '로마 제3의 건국자'라는 별칭을 받으며 부와 권력을 누렸답니다. 마리우스의 인기는 매우 높아 집정관에 연이어 다섯 번이나 당선될 정도였지요.

마리우스는 자신의 퇴역병들에게 약속한 대로 토지를 나눠 주고 싶었어요.

마리우스의 군사 개혁

"새로 얻은 시칠리아, 그리스, 갈리아의 국유지를 퇴역한 군인들에게 나누어 줍시다."
호민관 사투르니누스가 마리우스의 뜻을 따랐어요. 그는 로마 사람들에게 전설이 된 그라쿠스 형제를 떠올리게 하는 민중 친화적인 여러 정책을 선보였어요. 하지만 그라쿠스 형제와는 달리 자신의 권력욕을 위해 민중을 선동하는 정치꾼이기도 했지요.

★퇴역 어떤 일에 종사하다가 물러나는 것을 뜻해요.

사투르니누스와 정치적 동맹을 맺었어요

마리우스와 동맹을 맺은 사투르니누스는 로마인들의 마음을 사로잡을 여러 법안을 발표했어요. 가장 먼저 로마의 가난한 사람들에게 거의 공짜로 빵을 나눠 주자고 했지요.

"무슨 돈으로? 나라의 곳간을 거덜 내자는 거냐?"

"반대하는 사람은 로마의 배신자요!"

로마 시민들은 공짜 땅과 공짜 빵은 좋아했지만, 반대 의견은 감히 말도 못 하게 하는 사투르니누스의 행동이 매우 위험하다고 생각했어요.

마리우스의 군사 개혁

사투르니누스는 퇴역 군인들이 모여 사는 도시를 건설하게 하고, 이탈리아반도의 토지를 그 땅을 위해 싸운 병사들에게 분배하자는 농지법을 만들기도 했어요. 투표 날에 농지법을 반대하는 이들이 무기를 들고 투표장을 덮쳤지만 도리어 마리우스의 퇴역 병사들과 사투르니누스의 지지자들에 의해 쫓겨났지요. 로마는 이제 법보다는 폭력으로 문제를 해결하는 게 당연시되었답니다.

사투르니누스를 살릴까? 죽일까?

기원전 99년, 새로운 집정관을 뽑는 선거가 있었어요. 사투르니누스는 자신과 뜻을 같이하는 사람이 집정관에 당선되어야 한다고 생각했지요. 하지만 사투르니누스를 반대하는 마르쿠스와 멤미우스가 새로운 집정관으로 뽑혔어요. 사투르니누스와 그의 지지자들은 선거 결과를 받아들일 수 없었지요. 결국 그의 지지자들은 대대적인 봉기를 일으켜 집정관으로 당선된 멤미우스를 살해했답니다.

마리우스의 군사 개혁

집정관 당선자가 살해당한 이 사건은 로마 사회에 큰 충격을 주었어요. 원로원은 즉시 마리우스에게 봉기를 일으킨 사투르니누스 일당들을 토벌하라고 했어요. 마리우스는 어찌할 바를 몰랐어요. 신성불가침권★을 가진 호민관 사투르니누스를 그라쿠스 형제처럼 죽이고 싶진 않았거든요. 하지만 선거 결과를 인정하지 않고 집정관 당선자를 죽인 일을 그대로 둘 수는 없었지요.

★**신성불가침권** 신성하여 함부로 침범할 수 없는 권리를 말해요.

마리우스가 정계에서 은퇴했어요

마리우스는 일단 사투르니누스 일당을 모조리 잡아들인 후, 원로원 의사당 안에 가두어 두었어요. 하지만 그 이상 아무것도 하지 않았지요.
"마리우스, 너도 사투르니누스랑 같은 편이라 그를 죽이지 않겠다는 거냐?"
결국 원로원 지지자들이 의사당으로 몰려가 사투르니누스를 없애 버렸답니다. 원로원에서는 마리우스를 국가를 구한 영웅이라고 치켜세웠지만, 사람들은 마리우스가 사투르니누스를 죽게 내버려 두었다고 비난했답니다.

마리우스의 군사 개혁

그리고 마리우스의 퇴역병들은 땅을 나누어 받았지만, 로마 시민들에게 공짜로 빵을 나눠 주는 제도는 시행되지 않았어요. 평민들의 지지를 잃게 된 마리우스는 정계를 떠나 조용히 은퇴할 수밖에 없었어요. 로마는 혼돈에 빠졌고, 법치는 무너져 내리고 있었지요.

71

로마 이야기 배움터

빵과 서커스

로마인들은 먹을 빵이 부족하거나 재밋거리인 검투 경기가 열리지 않으면 불만을 터뜨리며 종종 폭동까지 일으켰어요. 그래서 국민들이 정치에 관심을 갖지 않게 하려면 '빵과 서커스'를 주라는 말이 생겨났지요.
물론 로마인들도 처음에는 누가 어떻게 로마를 다스리는지 매우 관심이 많았어요. 하지만 로마가 가장 풍요로웠던 2세기 무렵부터 로마 시민들은 무료 빵 배급과 검투 경기에 더욱 열광했답니다.

그런데 빵과 서커스의 유래는 그라쿠스 형제의 개혁에서부터 시작되었어요. 곡식값이 크게 오르자 나라에서 밀을 사들여 싼값에 시민들에게 공급하려고 했던 거예요. 그 당시 로마의 탁월한 복지 정책이었지요. 그런데 이러한 정책이 사람들의 호응을 얻자, 권력을 잡고 싶은 정치가들이 점차 무상 배급을 평민들의 지지를 확보하는 수단으로 이용했어요.

이탈리아 동맹시의 불만이 쌓여 갔어요

그라쿠스 형제 이전 시기까지 로마 사람들은 이탈리아 동맹시들이 로마가 주도하는 이탈리아 연합에 큰 불만이 없다고 생각했어요. 그들의 불만은 기껏해야 가난한 이탈리아 시민들이 군대에 가지 않기 위해 로마로 이주하는 경우가 많다는 거였어요.

이탈리아 동맹시들은 세 차례에 걸친 포에니 전쟁에서 로마와 함께 싸웠고, 로마가 다른 전쟁을 치를 때마다 병력을 많이 제공해 주었어요. 한니발과의 전쟁에서 패배할 때에도 항상 로마에 협력했지요.

마리우스의 군사 개혁

하지만 지중해의 패권을 차지한 로마는 부와 권리를 독차지했고, 동맹시와는 나누지 않았어요. 가끔씩 그라쿠스 형제와 같은 개혁가들이 로마 시민권을 이들 도시의 주민에게 확대해야 한다고 주장을 하곤 했지요. 하지만 그럴 때마다 로마인들은 똘똘 뭉쳐서 반대했답니다.

이탈리아 동맹시들이 반란을 일으켰어요

부유한 이탈리아인들은 지역 행정관이 됨으로써 개별적으로 로마의 시민권을 받을 수 있었어요. 하지만 시민권이 없다면 귀족이든 평민이든 로마 집정관들의 횡포에 저항할 수 없었지요. 로마 시민은 아무리 최하층민이라도 체포와 매질, 처형을 못 하는데 이탈리아인들에게는 이러한 보호 장치가 적용되지 않았으니까요. 세금을 내지 못하면 로마의 징세 청부업자들이 제멋대로 이탈리아 시민들을 노예로 팔아 버리기도 했어요.

그러다가 로마의 시민권을 이탈리아 시민 전체에게 주자고 주장하던 호민관이 살해당하는 사건이 발생했어요. 폭력이 일상이 되어 버린 로마 시민들은 대수롭지 않게 여겼는데, 이 사건은 뜻밖에도 이탈리아 동맹시의 불만을 한꺼번에 터뜨리는 계기가 되었어요.
이탈리아인들은 도시에 들어와 있는 로마의 법무관들을 공격하고 죽였어요. 뿐만 아니라 도시 곳곳을 휩쓸고 다니며 로마 시민들을 보이는 대로 죽였지요.

동맹시 전쟁이 확대되었어요

반란은 급속도로 퍼져 나갔어요. 이탈리아반도의 여덟 부족이 반란을 시작하더니, 곧이어 나라를 세웠어요. 나라 이름은 '이탈리아'였고, 이탈리아는 로마에 전쟁을 선포했어요. 동시다발적으로 일어나는 봉기와 일사천리로 진행되는 건국 과정으로 미루어 보건대, 이탈리아 동맹시들은 아주 오래전부터 계획하고 있었던 게 분명했어요.

마리우스의 군사 개혁

그들은 로마와 함께 오랫동안 전쟁을 했기 때문에 로마의 정치와 군사에 대해 잘 알고 있었지요. 이탈리아인들은 가장 먼저 로마의 도로를 장악해 로마의 통신 능력을 차단했어요. 이는 아주 단순했지만 로마인들의 허를 찌르는 효과적인 전략이었답니다.

동맹시와의 전쟁으로 로마는 엄청난 타격을 입었고, 로마 내부에서도 크고 작은 쿠데타가 끊이지 않고 일어났어요.

로마의 반격이 시작되었어요

로마는 새로운 반란 소식이 들어올 때마다 당황했지만, 전쟁에 나서기 전 먼저 이 반란의 책임이 누구 때문인지부터 따져 물었어요. 그 결과 헛된 약속으로 이탈리아인들을 부추긴 호민관들에게 그 책임을 돌렸답니다. 그러고는 집정관 루푸스에게 북부 전선을 맡기고, 카이사르에게 남부 전선을 맡겼어요.

마리우스의 군사 개혁

이때 은퇴 후 십여 년 동안 모습을 보이지 않았던 늙은 마리우스도 로마를 구하기 위해 전쟁에 나왔어요. 하지만 동맹시 전쟁으로 이름을 높인 사람은 술라였어요. 술라는 사투르니누스의 폭동으로 혼란했던 십여 년 동안 로마에서 큰 존재감이 없었어요. 로마 시민들은 보쿠스 왕과 친한 술라가 아프리카에서 사자를 데리고 와 검투 경기나 벌여 주길 바랄 뿐이었지요.

로마가 승리했어요

기원전 90년에 벌어진 동맹시 전쟁은 이탈리아인들이 이 전투를 얼마나 준비했는지 보여 준답니다. 카이사르는 이탈리아 남부에서 매복했다가 오히려 이탈리아인들에게 호되게 패했어요. 북부에서는 루푸스가 병사들을 끌고 라인강으로 들어갔다가 목숨을 잃었지요.

마리우스의 군사 개혁

이탈리아 동맹시의 기세에 혼쭐난 카이사르는 로마로 돌아와 '율리우스 법'을 만들었어요. 무기를 들지 않은 이탈리아인이라면 로마 시민권을 주겠다는 법이었지요. 한편에서는 마리우스가 뿔뿔이 흩어진 군대를 모아 로마에 첫 승전보를 전했어요. 이탈리아 남부에서도 술라가 승리했다는 소식이 연이어 들려왔어요.

83

진정한 통일을 이루었어요

로마 사람들은 그제야 이탈리아반도 전체를 적으로 두면 안 된다는 걸 깨달았어요. 이때 50여 년 동안 흐지부지되었던 법안이 통과되었어요. 바로 이탈리아인에게도 시민권을 주자는 내용이었지요.

이듬해와 그다음 해까지도 이탈리아 남부에서는 전투가 계속 이어졌어요. 하지만 로마가 이탈리아인 모두에게 시민권을 준다는 소식이 퍼지자, 동맹시들은 하나둘 로마의 편으로 돌아섰어요.

마리우스의 군사 개혁

특히 술라의 활약이 눈부셨어요. 술라는 이탈리아 남부의 폼페이를 함락시키면서 위기에 처한 로마 군단을 구했어요. 또 히르피노족의 항복을 받아 내고, 삼니움의 도시를 점령했지요. 잇따른 성공으로 술라의 인기는 하늘 높은 줄 모르고 올랐어요.

동맹시 전쟁 3년 동안 이탈리아는 비록 황폐해졌지만, 전쟁은 서서히 끝이 났어요. 이로써 로마는 이탈리아반도 전체를 아우르는 진정한 통일을 이루었답니다.

다 포위됐어. 항복하시지.

항복

85

그리스 도시 국가들이 로마에 대항했어요

로마가 동맹시 전쟁에 한창일 무렵, 소아시아의 폰토스 왕국에서는 미트리다테스 6세가 흑해 연안에서 세력을 키우고 있었어요. 그는 순식간에 소아시아 전역을 휩쓸고 발칸반도로 진출해 아테네 등 여러 도시 국가들에게 영향력을 행사했어요. 스스로를 헬레니즘★의 보호자로 자처하면서 그리스인들에게 로마에 대항하라고 부추겼지요. 마침내 기원전 89년, 그리스와 로마의 전쟁이라 할 수 있는 미트리다테스 전쟁이 시작되었어요.

★**헬레니즘** 그리스 문화와 오리엔트 문화가 서로 영향을 주고받으며 탄생한 새로운 문화를 가리켜요.

로마는 그리스 도시 국가들을 부추기는 폰토스 왕국을 가만히 두고 볼 수 없었지요. 로마는 새로 집정관이 된 술라를 총사령관으로 임명하여 소아시아로 군대를 파견했어요. 술라는 동맹시 전쟁을 승리로 이끌었던 자신의 6개 군단을 이끌고 원정을 떠났지요.
그리스인들은 처음에는 폰토스 편을 들었으나 술라가 전투에서 계속 이기자 점차 로마 편으로 돌아서기 시작했어요.

마리우스가 동방 원정 지휘권을 원했어요

한편 로마에서는 이탈리아인들에게 투표권을 어떻게 분배해야 할지 논쟁이 한창이었어요. 원로원에서는 이탈리아인들에게 별도의 새로운 8개의 선거구를 주어 관리하고 싶어 했고, 호민관 술피키우스는 기존의 35개 선거구에 골고루 넣자고 했어요.

원로원과 로마 시민들은 이탈리아인들이 기존의 시민들과 섞여 선거에서 다수의 힘으로 로마인들을 누르는 일이 생기지 않기를 바랐지요. 논쟁이 격렬해지자 술피키우스는 마리우스에게 도움을 요청했어요.

마리우스의 군사 개혁

마리우스는 술피키우스를 도와주는 조건으로 폰토스 왕국의 지휘권을 달라고 했어요. 그는 한때 자신의 부관이었던 술라가 집정관이 되어 동방으로 원정을 떠나는 걸 부러운 눈으로 지켜보고 있었거든요. 그는 늘 과거의 영광이 그리웠고, 비록 나이는 70세였지만 여전히 자신이 건재하다는 걸 보여 주고 싶었어요.

마리우스와 술라의 내전이 시작되었어요

술피키우스는 투표권 말고도 원로원의 권력을 제한하는 여러 법안을 만들었어요. 이 때문에 로마 시민들은 둘로 나누어졌고, 걸핏하면 길에서 반대하는 사람과 지지하는 사람들이 무리를 지어 싸우곤 했지요.

로마에서 이러한 소동이 일어났다는 소식을 들은 술라는 서둘러 로마로 돌아왔어요. 로마의 포룸에 도착한 술라는 동료 집정관과 함께 집정관의 권한을 행사했어요. 모든 공무를 중단시키는 비상 선언을 선포했던 것이지요. 소요 사태는 곧 진정될 거라 예상했어요.

그런데 술피키우스의 지지자들이 숨겨 두었던 무기를 꺼내 스스럼없이 집정관들을 위협했어요. 깜짝 놀란 술라는 근처 마리우스의 집으로 달아났어요. 마리우스는 술라에게 술피키우스의 법안이 표결에 부쳐지도록 내버려 두라고 했지요. 술라는 비상 선언을 철회하고 씁쓸하게 다시 전쟁터로 돌아갔어요.

로마 이야기 놀이터

이탈리아 동맹시들이 반란을 일으켰어요. 이탈리아인들은 가장 먼저 로마의 도로를 장악했어요. 위기에 빠진 로마군들이 무사할 수 있도록 길을 찾아 주세요.

로마 최고의 두 장군, 마리우스와 술라는 동방의 원정을 지휘할 권리를 놓고 서로 다투었어요. 그들의 다툼은 엄청난 복수와 학살로 이어졌고, 내전으로 번졌어요. 내전은 조국을 적으로부터 지켜 낸다는 명분도 없고 진정한 승리도 없었지요. 권력을 쥐게 된 술라의 공포 정치 속에서 실행되었던 새로운 개혁은 오히려 로마 공화정의 붕괴를 가져왔답니다.

술라의 1차 로마 진군

술라와 마리우스가 지휘권을 두고 다투었어요

술라가 이끌었던 6개 군단의 병사들은 어서 빨리 폰토스의 왕을 잡고 부유한 소아시아를 정복하고 싶었어요. 하지만 전쟁 중에 로마로 갔다가 다시 돌아온 술라는 생각지도 못한 명령을 받았어요. 원로원에서 그의 동방 원정 지휘권을 마리우스에게 넘겨주었다는 것이었지요.
'협박 때문에 비상 선언까지 철회하는 창피를 당했는데, 마리우스에게 지휘권까지 넘겨주라고?'

여태껏 고생은 내가 했는데 이제 와서 지휘권을 넘기라고?

술라의 공포 정치

총지휘관이 바뀐다는 소식에 병사들이 술렁대자, 분노한 술라는 병사들을 한곳에 모았어요. 자신이 로마에서 어떤 부당한 일을 겪었는지 말한 뒤 이 모든 일이 마리우스와 술피키우스 때문이라고 했어요.
"로마가 왜 이리 썩었단 말인가? 우리는 정의로운 로마를 되찾아야 한다!"

마리우스가 아프리카로 달아났어요

술라와 함께 오랫동안 싸워 왔던 병사들은 기꺼이 술라를 따를 준비가 되어 있었지요. 술라는 6개 군단을 이끌고 아피우스 가도를 따라 서서히 로마로 진군하기 시작했어요. 놀란 원로원에서는 대표단을 보내 왜 로마를 향해 군대를 끌고 오냐고 술라에게 물었어요.

"압제자들로부터 조국을 구하기 위해서이지요."

술라는 군대가 로마로 들어가기 전에 마리우스와 술피키우스가 물러날 거라 생각했어요. 하지만 그들은 노예와 검투사들까지 동원하여 성문을 지켰어요. 또한 로마 시민들에게 술라의 반역적인 행동을 막아 달라고 호소했지만 평민들이 볼 때 이 전쟁은 그저 귀족들 간의 원한 싸움일 뿐이었지요. 마리우스 군은 성벽 위에서 불화살을 쏘고 기왓장을 던지며 저항했지만 로마 정규군을 이길 수는 없었어요. 술피키우스는 달아나다가 살해되었고, 마리우스는 추격을 피해 아프리카로 달아났답니다.

로마의 집정관에게 로마가 정복당했어요

로마법에는 군대를 로마로 끌고 들어오지 못하게 되어 있어요. 공화정이 수립된 이래 이 법은 철저하게 지켜졌지요. 그걸 술라가 무너뜨린 거예요. 이제 술라는 로마를 정복한 최초의 로마인이 되었어요. 사람들은 모두 불안한 눈길로 술라를 바라보았어요.

술라는 포럼에서 집회를 열고, 민회에 나가 자신의 행동을 정당화했어요.
"저는 권력이 욕심나서 군대를 끌고 온 게 아닙니다. 잘못된 길로 가는 로마 공화정을 살리기 위해서 어쩔 수 없이 한 행동입니다."

술라는 여러 가지 개혁을 시도했고, 마리우스를 '로마의 반역자'라고 했어요. 물론 자신의 동방 원정 지휘권도 되찾았지요. 또한 이탈리아인은 로마인과 평등한 시민권을 가질 수 없다고 말했어요. 술라는 스스로를 로마 시민의 구원자이자 원로원의 보호자라고 했지만 마치 왕처럼 굴었어요. 이를 지켜보는 로마인들의 마음은 복잡했어요.

술라가 다시 그리스로 떠났어요

이처럼 로마가 어수선하자, 폰토스의 미트리다테스 왕은 이 기회를 놓치지 않았어요. 그는 소아시아를 완전히 장악하고 그의 지배하에 있는 그리스의 도시에 거주하는 모든 이탈리아인을 체포해 죽이라고 명령했지요. 사망자가 무려 8만여 명에 이른다고 기록된 이 사건은 동방의 도시들이 로마에 대항할 수밖에 없도록 만든 술책이었어요.

술라의 공포 정치

이제 그리스인들은 미트리다테스와 함께 끝까지 싸워서 이기든지 아니면 홀로 로마의 복수를 당해야 했어요. 그리스의 도시 국가들은 '반로마'의 깃발을 올리며 로마에 선전 포고를 했지요.

술라는 다시 동방 원정을 떠나 이 전쟁을 마무리해야 했어요. 그가 로마를 떠나자마자 새로운 집정관 킨나는 술라의 개혁을 무효로 돌리면서 그를 탄핵했어요. 하지만 또 다른 집정관 옥타비아누스는 이를 반대했지요.

★탄핵 지위나 맡은 임무를 그만두게 하는 걸 말해요.

마리우스가 로마로 돌아왔어요

아프리카에는 마리우스 군의 퇴역병들이 건설한 식민 도시들이 있었어요. 마리우스는 이들을 이끌고 로마로 돌아가 복수하기로 했어요. 로마 제3의 건국자라고 칭송받던 자신이 로마의 반역자가 되었다는 사실이 견딜 수 없었거든요. 마리우스는 킨나와 옥타비아누스가 서로 대립하고 있다는 사실을 알고는 킨나 편에 섰어요.

집정관 킨나는 우선 반역자로 규정된 마리우스의 명예를 회복시켰어요. 그렇게 로마로 돌아온 마리우스는 술라의 탄핵에 반대하는 사람들을 향해 미친 듯이 칼을 휘둘렀어요. 그의 광기에 의해 단 5일 동안 살해된 사람이 천 명이 넘었지요.

이번에는 술라가 로마의 적으로 선포되었고, 그의 집은 불태워졌어요. 그리고 그가 세운 법도 폐지되었지요.

마리우스의 죽음과 킨나의 시대

다음 해 마리우스는 킨나와 함께 집정관에 선출되었어요. 마리우스는 군대를 맡고 킨나는 로마와 이탈리아의 내정과 평화를 담당하기로 했지요. 하지만 마리우스는 집정관이 된 지 불과 십여 일 만에 71세의 나이로 갑작스럽게 죽었답니다.

집정관 킨나는 마리우스의 지지자들과 아주 친밀한 관계를 맺었어요. 또한 힘들게 얻은 로마 시민권을 지키기 위해 목숨 걸고 싸울 준비가 되어 있는 이탈리아인들의 전폭적인 지원도 받았지요.

술라의 공포 정치

킨나는 마리우스의 지지자들과 다수의 이탈리아인들로 구성된 새로운 군대를 조직했어요. 킨나는 술라를 체포하기 위해 이들을 배에 태워 그리스로 보냈는데 불행히도 폭풍우를 만났어요. 겨우 살아남은 병사들에게 이번에는 눈 덮인 산을 넘어가라고 하자, 병사들은 화가 나서 집정관 킨나를 죽여 버렸답니다.

107

술라가 전쟁에서 승리했어요

술라는 그리스 아테네에서 로마의 소식을 들었어요. 당장이라도 로마로 달려가고 싶었지만 아테네와의 전쟁을 마무리해야 했어요.
로마의 반역자가 된 술라는 추방령이 내려져 더 이상 로마로부터 그 어떤 물자나 지원을 기대할 수 없었지요.
반면 아테네를 지원하기 위해 온 폰토스 군은 바퀴에 칼날을 단 전차 부대였어요. 술라는 무시무시한 전차 부대를 정면으로 부딪치지 않고 일부러 길을 터 주었다가 뒤에서 전차를 포위하는 전략으로 맞섰답니다.

술라의 공포 정치

12만 대군에 이르는 폰토스와 아테네 군은 술라의 군대 앞에 맥없이 쓰러졌어요. 아테네를 지원했던 폰토스의 왕은 술라와 강화를 맺을 수밖에 없었지요. 그리스에서의 전쟁이 술라의 완승으로 끝나자, 술라는 로마의 원로원에 편지를 보냈어요.
"내 명예와 재산을 되돌려주지 않는다면 로마는 무력으로 응징될 것이오!"

★강화 싸움을 멈추고 평화로운 상태가 되는 것을 말해요.

로마 이야기 배움터

술라는 어떤 사람일까?

술라는 귀족이었지만 집안은 가난했어요. 하지만 사교성이 좋아서 사람을 잘 사귀는 재능이 있었지요. 술라는 재무관으로 선출되어 당시 로마의 유력한 집정관인 마리우스의 부관이 되었어요. 그는 마리우스를 따라다니면서 전쟁터에서 큰 공을 세웠지요. 특히 아프리카 누미디아와의 전쟁에서 뛰어난 외교술로 유구르타 왕을 사로잡기도 했어요.

술라는 킴브리 전쟁 중에도 게르만족과 동맹을 맺고 전투에서 공을 세우기도 했지요. 하지만 그가 로마 사람들에게 이름을 널리 알리게 된 계기는 동맹시 전쟁이었어요. 그는 동맹시 전쟁에서 크게 승리함으로써 집정관으로 선출될 수 있었지요. 술라는 원래 이탈리아인이 로마인과 동등한 시민권을 가지는 걸 반대했지만, 그리스 원정 후 로마로 진군할 때 가장 먼저 이탈리아인의 선거권을 지지한다고 선언했답니다.

술라의 2차 로마 진군

그리스에서 로마로 진군하는 술라

킨나의 허무한 죽음으로 집정관 카르보는 그리스에서 술라와 싸우려던 계획을 취소했어요. 이탈리아반도에서 12만여 명의 정규군으로 싸울 수밖에 없었지요. 그리스와의 전쟁에서 이긴 술라는 엄청난 배상금을 받고 로마로 진군할 준비를 마쳤어요.

술라는 이탈리아 남부에 도착하자마자 선포했어요.

"이탈리아인의 시민권을 존중할 것이며, 나의 칼날은 오로지 몇몇 적들에게만 겨누어져 있다."

술라의 공포 정치

술라는 아주 천천히 로마로 올라왔어요. 그와 싸우면 모두 죽을 거라는 공포를 퍼뜨렸어요. 그러면서 군사들의 도둑질이나 약탈은 철저하게 막았어요. 그러자 남부의 이탈리아인들은 술라를 열렬히 환영했지요.
"원한에 사무친 귀족들끼리 하는 싸움에 우리가 왜 끼어들어야 해?"
술라의 병사들은 이런 소문을 이탈리아인들에게 열심히 퍼뜨렸지요.

술라가 내전에서 승리했어요

로마에는 여전히 12만 대군이 있었고, 북부 이탈리아에는 술라를 싫어하는 사람들도 많았어요. 그들은 지난 동맹시 전쟁 때 술라에게 참혹하게 보복을 당했던 에트루리아와 삼니움 부족들이었지요.

하지만 조용히 사태를 지켜보던 사람들은 하나둘 술라 진영에 합류하기 시작했어요. 특히 마리우스의 칼날에 가족을 잃은 폼페이우스가 3개 군단을 이끌고 술라 편에 섰어요. 시간이 지날수록 술라의 군대는 커졌고, 7만 5천의 대군이 로마에 이르렀어요.

로마로 들어가는 성문에서 마지막 전투가 벌어졌어요. 술라의 승리였어요. 마침내 2년에 걸친 내전이 끝난 것이지요. 그러자 술라는 그동안 보여 주던 부드러운 모습은 사라지고 무서운 얼굴로 외쳤어요.

"12만 로마의 정규군이 7만 5천의 반란군에게 졌다. 이게 바로 로마가 썩었다는 증거다. 나의 개혁에 반대하는 사람은 가만두지 않겠다."

포룸에 살생부를 내걸었어요

술라는 질서를 회복하고 영광스러운 로마를 세우겠다면서 무자비한 학살을 시작했어요. 마리우스의 무덤을 파헤치고 그의 유골을 테베레강에 던졌지요. 그는 두려움에 떠는 원로원 귀족들을 신전으로 불러 자신이 동방 원정에서 이룬 업적을 보고하기 시작했어요. 신전 밖에서는 포로로 잡은 6천여 명의 병사들이 비명을 지르며 죽어 가고 있었어요.

"밖의 일에는 신경 쓰지 마시오. 그저 범죄자 몇 명을 따끔하게 혼내는 것뿐이오."

술라의 공포 정치

술라는 지난 2년 동안 일어난 내전에 대해서는 단 한마디도 말하지 않았어요. 그런 일은 일어난 적도 없었다는 듯한 태도였지요. 원로원 귀족들은 두려움에 떨면서 애원했어요.
"당신의 복수를 그만두라는 게 아니오. 당신이 살려 줄 사람들만이라도 공포에 떨지 않게 해 주시오."
술라는 잠시 생각해 보더니 80여 명의 이름이 적힌 살생부를 만들었어요.

술라의 공포 정치가 시작되었어요

다음 날 술라는 '공권 박탈* 조치'라는 이름의 살생부를 로마 포룸에 내걸었어요. 이들을 붙잡아 오는 사람에게는 현상금을 주고, 반항하면 그 자리에서 죽여도 좋다고 했지요.

살생부 명단에 자신의 이름이 빠진 걸 보고 안심했던 사람도 다음 날에는 놀랄 수밖에 없었어요. 500여 명의 이름이 적힌 새로운 살생부가 걸려 있었으니까요. 매일매일 새로운 이름이 포룸에 내걸렸어요.

★**공권 박탈** 사형이나 무기형의 판결을 받은 사람의 '국민으로서의 권리'를 빼앗는 것을 말해요.

술라의 공포 정치

처음에는 술라의 반대파 귀족이었던 사람들만 죽었는데, 그저 재산이 많다는 이유로 살생부에 이름이 올라가는 사람도 있었어요. 이제는 누구나, 언제든, 시민권을 박탈당하고 비참하게 살해될 수 있었답니다. 이러한 공포는 이탈리아로 퍼져 나갔고, 이탈리아를 넘어 전 로마 제국으로도 퍼졌지요. 물론 재판도 없이 시민을 죽이는 건 불법이라고 말하는 사람도 있었어요.

칼을 든 우리에게 법 같은 소리 하지 마!

이런 법이 어딨어요?

우린 죄가 없어요.

술라가 종신 독재관이 되었어요

술라의 대숙청으로 얼마나 많은 사람이 죽었는지는 정확히 밝혀지지 않았어요. 술라의 적은 곧 국가의 적이었지요. 이처럼 로마를 새로 세우겠다는 명분으로 시작한 술라의 개혁은 끔찍했어요. 매일 포룸에 내걸린 '공권 박탈 조치'는 기원전 82년에 드디어 끝이 났어요. 그사이 살생부에 이름이 오른 사람들 중에는 술라에게 영향력을 행사하는 사람을 통해 자신의 이름을 빼기도 했지요. 그렇게 살아난 사람 중 가장 유명한 사람이 율리우스 카이사르였어요.

술라의 공포 정치

술라는 자신을 반대하는 사람이 거의 사라진 이후 로마 공화정을 새로 세우겠다며 개혁을 추진했어요. 그는 개혁을 위해서는 '독재관'이라는 직책이 필요하니, 원로원에게 이 관직을 부활시키라고 했지요.
독재관은 동맹시 전쟁 같은 로마의 비상사태에서도 없었어요. 게다가 독재관의 임기를 6개월로 제한할 수도 없었지요.
이 엄청난 제안을 원로원은 거부할 수 없었어요. 마침내 술라는 절대 권력을 가진 종신 독재관이 되었어요.

개혁을 시작했어요

독재관이 된 술라는 모든 로마인의 생사여탈권을 손에 쥐게 되었어요. 그는 원로원 귀족 중심의 공화정을 만들고 싶었어요. 그래서 300명인 원로원 의원들을 600명으로 늘렸어요. 물론 자신에게 충성하는 사람들을 원로원으로 보냈지요. 또한 사람들을 선동하여 원로원을 흔들지 못하게 호민관의 권한은 크게 줄였어요.

★**생사여탈권** 자기 마음대로 살리거나 죽이고, 어떤 물건을 주고 뺏는 행위를 하는 걸 말해요.

술라의 공포 정치

술라의 숙청은 로마에 처음으로 주인 없는 땅을 만들어 냈지요. 많은 땅의 주인들을 죽였으니까요. 술라는 그 땅을 자신에게 충성했던 군대의 퇴임병들에게 나누어 주었어요. 또한 이탈리아인에게 로마인과 똑같은 시민권을 주겠다는 약속도 지켰어요. 비록 이탈리아인의 목소리가 기존의 로마인들보다 높아졌지만 큰 문제는 없었지요. 이제 로마는 이탈리아였고, 이탈리아는 로마였으니까요.

술라가 은퇴하고 시골로 내려갔어요

로마는 술라를 중심으로 돌아가고 있었어요. 술라는 종신 독재관이었지만 오랫동안 독재관을 할 생각은 없었지요. 그는 독재관 자리를 내놓고 메텔루스 피우스와 나란히 집정관이 되었어요. 1년 후 다시 집정관이 되었지만 그 자리를 거절했어요.

"존경하는 로마 시민 여러분, 이제 로마는 더 이상 독재관이 필요 없습니다. 옛 질서를 회복하고 자리를 잡았기 때문이지요. 그래서 이제 저는 로마의 시민으로 돌아갑니다."

술라의 공포 정치

술라는 은퇴하여 시골의 대저택에 머물면서 회고록을 쓰기 시작했어요. 회고록에는 자신이 얼마나 용감했고 성실했는지, 또 나라를 사랑한 죄밖에 없다는 이야기만 가득했지요. 회고록을 쓴 후 술라는 62세의 나이로 갑자기 세상을 떠났어요. 그의 장례는 국장으로 치러졌고, 시신은 화장을 했답니다. 마르스 평원에 세워진 기념비에는 이런 글이 새겨져 있지요.
"술라처럼 다정한 친구도 없었고, 그처럼 악랄한 적도 없었다."

원로원 중심의 로마 공화정이 서서히 무너졌어요

마리우스와 술라가 벌인 잔인한 복수와 끔찍한 학살은 로마 사회에 큰 혼란을 야기했어요. 술라가 내전에서 승리하며 로마에 평화를 가져온 듯했지만 그건 잠시뿐이었지요.

사실 술라의 개혁이 실패한 원인은 바로 술라 자신에게 있었어요.

그는 젊은 시절 출세를 위해서 기존 사회의 질서를 무시했고, 모욕을 당하자 로마로 군대를 끌고 들어왔어요. 외국에 있는 동안에는 자기 방식대로 군사를 지휘하고 외교 관계를 맺었지요.

술라의 공포 정치

스스로 권력을 내려놓고 은퇴하였다고 해서 그의 행동이 정당화될 수는 없어요. 오히려 로마는 술라를 통해 서로의 이익을 위해 뭉치고 흩어지는 일을 자연스럽게 받아들였지요.

30여 년간의 오랜 혼란과 내전으로 인해 로마인들은 오로지 안정만을 바라게 되었어요. 결국 로마는 '원로원 중심의 공화정'에서 '강한 군사력을 가진 황제의 제국'으로 바뀌게 되었답니다.

로마 이야기 배움터

마리우스와 술라의 싸움이 로마 공화정을 무너뜨리다

술라의 최대 정치 경쟁자는 마리우스였어요. 술라는 전쟁 영웅 마리우스를 따라다녔기에 수많은 공을 세울 기회를 가질 수 있었지요. 또한 술라는 마리우스와 달리 외교술도 뛰어났답니다.

사실 술라의 군사 쿠데타가 성공할 수 있었던 것도 마리우스의 군사 개혁이 있었기 때문에 가능했어요. 로마의 병사들은 로마 공화정이 아니라 자신의 생계를 책임져 주는 장군에게 더욱 충성했으니까요.

마리우스와의 내전에서 승리한 술라는 종신 독재관이 되었고, 그의 이러한 행동은 훗날 율리우스 카이사르와 같은 사람들로 하여금 군사력으로 정치 권력을 얻을 수 있다는 선례를 심어 주었어요.
"술라도 할 수 있는데, 나라고 못 할 게 뭐야?"
술라는 왕을 싫어하는 공화주의자였기에 평생 독재관 자리에 있지 않고 은퇴를 했어요. 하지만 그의 생각과 달리 로마는 곧 강력한 군사력을 가진 황제의 시대로 전환되었답니다.

로마 이야기 놀이터

로마는 많은 전쟁을 겪으며 새로운 변화를 맞이했고 그때마다 로마의 역사를 바꾼 인물들이 있었어요. 아래 그림을 살펴보고 알맞은 것끼리 연결해 보세요.

로마의 도로들을 재정비하고 새로운 곡물법을 주장했어요.

로마 시민들을 보호하는 호민관이 되어 토지 개혁을 추진했어요.

새로운 로마를 세운다며 포룸에 살생부를 내걸었어요.

로마의 가난한 사람들에게 빵을 나눠 주자고 했어요.

군대를 개혁해 게르만족을 용감하게 물리쳤답니다.

로마의 풍요는 대부분 노예들의 노동과 목숨으로 만들어졌어요. 로마의 역사에서 노예들의 반란은 드물지 않은 일이었지요. 하지만 스파르타쿠스의 노예 전쟁만큼 큰 영향을 미친 사건은 드물어요.

로마인들은 스파르타쿠스를 '로마의 적'이라고 했지만 후대의 역사가들은 스파르타쿠스의 반란을 '인류 역사상 가장 정의로운 전쟁'이라고 한답니다.

스파르타쿠스의 노예 반란

노예들의 삶은 비참했어요

로마는 정복한 지역의 사람들을 노예로 삼았어요. 대략 자유민들의 절반 가까이가 노예였고, 모든 일터에는 노예들이 있을 정도로 많았지요. 대농장에서 일하는 농장 노예와 양치기 노예의 수가 가장 많았어요. 로마인들의 오락을 위해 목숨 걸고 싸워야 하는 검투사들도 있었어요. 노예들은 자신의 주인과 인간적으로 친밀한 관계를 맺기도 했지만 노동 환경이나 인권은 참혹할 수밖에 없었지요.

스파르타쿠스의 노예 반란

그러다 보니 로마에서는 노예들의 반란이 꾸준히 있었어요. 게르만족이 갈리아 지역을 차지하고 있을 때, 시칠리아에서는 대규모의 노예 반란이 있었지요. 전쟁이라 부를 만큼 규모가 컸어요.

기원전 135년에 시작된 제1차 노예 전쟁과 기원전 104년에 발발한 제2차 노예 전쟁 역시 시칠리아에서 일어났어요. 시칠리아는 '로마의 곡창 지대'라 불릴 만큼 대규모 농장이 많았기 때문이지요. 두 반란 모두 잔혹하게 진압되었답니다.

검투사들의 탈주가 시작되었어요

기원전 73년, 카푸아에서 일어난 노예 반란은 로마 역사에 큰 영향을 끼쳤어요. 제3차 노예 전쟁 혹은 '스파르타쿠스의 난'이라고 이름 붙여진 이 사건은 처음에는 아주 작은 사건이었어요.
카푸아의 검투사를 기르던 곳에 스파르타쿠스라는 사람이 있었어요. 원래 트라키아의 유목민 출신이었는데, 그가 왜 노예 검투사가 되었는지는 기록된 바가 없답니다. 스파르타쿠스는 크릭수스와 함께 동료 검투사들 70여 명을 데리고 그곳을 탈출했어요.

스파르타쿠스의 노예 반란

그들은 무기를 들고 인근의 험하고 가파른 베수비오산으로 도망쳤어요. 베수비오산은 울창한 산림 지대라 몸을 숨기기에 아주 좋았지요. 그곳에 자리를 잡은 그들은 오가는 사람들을 위협하여 짐을 뺏으며 먹고살았어요. 카푸아 지방 정부에서는 이들의 도적질을 보고만 있을 순 없었지요. 그래서 이들을 진압하기 위해 토벌대를 보냈답니다.

로마 이야기 배움터

로마의 검투사들

로마인들은 검투 경기를 매우 좋아했어요. 전쟁에서의 승리를 축하하고, 죽은 동료들을 추모하기 위해 검투 경기를 열었다고 해요. 로마 초기에는 전쟁 포로나 노예를 검투사로 훈련시켜 검투 경기를 치르게 했는데, 후대에는 자유민 검투사도 있었어요. 로마의 검투사들은 나름 최고의 검술과 싸움 기술을 가졌답니다. 실력이 좋은 검투사들은 엄청난 인기를 얻기도 했지요.

검투 경기에서 상대가 죽을 때까지 싸우는 건 자주 있는 일이었지요. 그러나 모든 경기에서 패자가 죽는 건 아니었어요. 생사여탈권은 대개 로마 황제가 가지고 있는 것처럼 보이지만, 사실 황제는 시민들의 반응에 따라 결정을 내렸답니다. 로마 사람들은 스릴 있는 경기를 좋아했기 때문에 검투사들은 최대한 경기를 아슬아슬하게 보여 주어야 했어요.

노예 반란군이 토벌대를 물리쳤어요

로마군에게 반란군을 진압하는 건 어려운 일이 아니었어요. 그 무리가 비록 싸움을 전문으로 하는 검투사라 할지라도 로마군의 상대가 되지 않았지요. 로마군은 체계적이고 조직적으로 훈련을 받았으니까요. 하지만 스파르타쿠스의 검투사들은 로마군을 손쉽게 물리쳤답니다. 자기들을 토벌하러 온 로마군의 무기와 장비를 빼앗아 더욱 강력하게 무장을 했지요.

스파르타쿠스의 노예 반란

"검투사들이 토벌대를 완전히 뭉개 버렸다는군!"

이 소식은 주변으로 빠르게 퍼져 나갔어요. 그러자 주변의 농장 노예들이 집단으로 탈출하여 베수비오산으로 들어왔어요. 카푸아 지방에는 로마 귀족들의 대농장과 별장이 많았기 때문에 노예들이 더 많았지요. 탈출한 노예 무리의 규모는 점점 더 커졌고, 스파르타쿠스는 이들을 체계적으로 훈련시켰답니다.

로마군의 뒤통수를 쳤어요

반란군의 규모가 커지자 카푸아 지방 정부는 이들을 도저히 감당할 수 없었어요. 중앙 정부인 로마에 토벌군을 보내 달라고 요청했답니다.
"쯧쯧, 검투사라고 해 봐야 노예 반란군인데 그걸 진압하지 못하다니!"
로마 정부 역시 이때껏 그러했듯이 노예 반란군들을 가볍게 제압할 수 있다고 생각했지요. 그래서 로마 정규 군단이 아니라 시민군 3천여 명을 모아서 파견했어요. 이들의 지휘관은 법무관 글라베르였어요.

글라베르는 베수비오산을 완전히 포위했어요. 산 위로 천천히 올라가면서 노예 반란군을 압박해 나갔지요. 그들을 지켜보던 스파르타쿠스 일행은 나무 넝쿨을 꼬아 밧줄을 만들었어요. 글라베르 군이 무심코 지나가길 기다렸다가 뒤편의 절벽에서 넝쿨을 타고 내려와 기습 공격을 했지요. 갑작스러운 공격에 3천여 명의 로마군은 당황하면서 달아나기 바빴답니다.

토벌군이 크게 패했어요

법무관 바리니우스가 2차 토벌군을 이끌고 다시 베수비오산으로 향했어요. 비록 1차 토벌에는 실패했지만 반란군을 무시하는 건 여전했어요. 바리니우스는 4천 명의 군사 중 자신의 부관에게 절반의 군사를 따로 내주었지요. 하지만 바리니우스의 부관은 자신의 부대가 격파당하는지도 모른 채 별장에서 느긋하게 목욕하다가 스파르타쿠스의 기습 공격을 당했답니다. 이 소식을 들은 바리니우스는 남은 2천 명의 군사를 데리고 바짝 경계하면서 스파르타쿠스의 요새가 있는 베수비오산을 에워싸면서 올라갔어요.

스파르타쿠스의 노예 반란

스파르타쿠스와 동료들은 전투에서 목숨을 잃은 동료들을 마치 살아 있는 사람처럼 보초로 세워 두었어요. 그러고는 몰래 포위망을 뚫고 빠져나왔지요. 요새가 텅 비어 있다는 걸 알게 된 바리니우스는 곧 스파르타쿠스 일행을 뒤쫓아 갔어요. 하지만 스파르타쿠스 일행에게 크게 패했답니다. 토벌군은 로마군의 지휘권을 상징하는 파스케스, 군기, 말들을 모조리 빼앗기고 말았지요.

스파르타쿠스, 자유의 투사가 되다

"또 로마군을 물리쳤대!"

스파르타쿠스의 명성이 로마 전역으로 퍼져 나갔어요. 그의 이름은 곧 자유의 투사를 상징하게 되었지요.

스파르타쿠스 일행은 베수비오산을 벗어나 이동하기 시작했어요. 소문을 들은 노예들이 로마 전역에서 스파르타쿠스를 찾아오기 시작했어요. 또한 노예는 아니었지만 노예와 다를 바 없던 사람들도 합류하기 시작했지요.

스파르타쿠스의 노예 반란

특히 양을 치던 양치기들이 많이 왔는데, 워낙 건장한 사람들이 많아 스파르타쿠스의 강력한 전력이 되었어요.
그들의 규모는 기록마다 다르긴 하지만 4만에서 12만 등에 이를 정도로 엄청났다고 해요. 이렇게 해서 스파르타쿠스의 반란은 로마 역사상 유례가 없는 최대의 노예 전쟁으로 번지게 되었답니다.

로마 역사 최대의 노예 전쟁으로 확대되었어요

자유를 갈망하는 사람들의 강렬한 의지로 승기를 잡은 스파르타쿠스 군대는 인근의 도시들을 공격하여 점령하기 시작했어요.
누케리아, 투리, 메타폰툼 등의 도시들이 함락되었고, 그럴 때마다 군사력은 더욱 강해졌어요. 그러자 사람들은 노예로서 당했던 억울함을 터뜨렸지요.
노예군들은 점령한 도시의 사람을 무자비하게 죽이고 약탈한 뒤 불을 질렀어요.

스파르타쿠스의 노예 반란

스파르타쿠스는 이러한 약탈 행위를 막으려 했어요.
"제가 여러분들의 원한을 어찌 모르겠습니까? 하지만 지금 그럴 시간이 없습니다."
함께 반란을 지휘하던 크릭수스는 스파르타쿠스의 말에 콧방귀를 뀌었어요.
"지금은 복수의 시간이다. 내 눈에 띄는 로마 놈들은 모조리 죽여 버릴 거야!"
"하지만 로마가 또다시 군대를 보낼 거야. 지금 우리는 대비를 해야 해."
그러자 많은 사람이 스파르타쿠스의 말이 옳다는 걸 받아들였어요. 사람들은 약탈을 멈추고 다시금 군사력을 정비했지요.

노예 반란군을 응징하라

노예 반란군이 둘로 나뉘었어요

기원전 72년, 로마 정부는 그제야 스파르타쿠스의 반란이 매우 심각한 문제라고 판단했어요. 로마는 두 명의 집정관 루키우스와 렌툴루스에게 각각 2개 군단의 정예 병력을 주어 스파르타쿠스를 진압하도록 했지요.
두 명의 집정관이 군단 지휘권을 가지고 적국의 정규 군대도 아닌 일개 노예 반란군을 토벌하러 나간다는 건 정말 놀라운 일이었어요.

스파르타쿠스의 노예 반란

그 무렵 스파르타쿠스의 무리에서는 의견이 둘로 갈라졌답니다. 스파르타쿠스는 한시라도 빨리 이탈리아반도를 벗어나자고 했고, 크릭수스는 이탈리아를 떠나고 싶어 하지 않았어요. 둘의 의견은 하나로 모이지 않았어요. 결국 크릭수스는 자신과 뜻을 같이하는 사람들과 함께 스파르타쿠스를 떠났지요.

로마군이 달아났어요

크릭수스는 자신을 따르는 사람들과 함께 가르가노산으로 들어갔어요. 그런 크릭수스 뒤를 집정관 루키우스가 뒤쫓아 가서 공격했어요. 크릭수스의 병력은 로마 군단의 적수가 되지 못했어요. 결국 크릭수스는 가르가노산에서 최후를 맞이했답니다.

이 소식을 들은 스파르타쿠스는 사람들을 데리고 북쪽으로 방향을 틀었어요. 이탈리아반도를 벗어나 갈리아 지방으로 갈 생각이었지요.

스파르타쿠스의 노예 반란

스파르타쿠스가 북쪽으로 간다는 소식을 접한 집정관 렌툴루스는 급하게 그 뒤를 쫓았어요. 하지만 집정관 루키우스와 함께 스파르타쿠스를 공격할 생각은 없었지요. 자기 혼자 스파르타쿠스를 사로잡고 싶었으니까요. 그러나 스파르타쿠스 군대의 전투력은 정말 놀라웠어요. 빠르고 맹렬한 공격에 집정관 렌툴루스의 군단은 달아나기 바빴지요.

로마군을 포로로 잡았어요

스파르타쿠스의 군대는 기습적으로 렌툴루스의 군단을 물리쳤을 뿐만 아니라 뒤이어 추격해 온 루키우스의 군단도 물리쳤어요. 심지어 도와주러 온 전직 집정관의 군단 병력도 격파했어요. 로마의 6개 군단이 스파르타쿠스의 군대에 패배를 한 것이지요. 많은 로마 병사가 노예들의 포로가 되었어요. 스파르타쿠스는 죽은 동료들을 추모하기 위해 로마 병사들에게 검투 경기를 시켜 서로를 죽이게끔 했어요.

스파르타쿠스의 노예 반란

"뭐라고! 비천한 노예 놈들을 위해서 검투 경기를 하라고?"
포로로 잡힌 로마인들에게 이보다 더 치욕적인 일은 없었어요.
검투 경기는 로마의 높은 분이나 영광스러운 전사들을 기리기 위한
경기였지요. 로마의 병사들이 노예를 위해 검투 경기를 했다는 소식을 들은
로마인들은 화가 많이 났답니다.

북쪽으로 가다가 다시 남쪽으로 내려왔어요

스파르타쿠스는 로마군의 추적을 따돌리면서 아드리아해를 따라 북쪽으로 계속 이동했어요. 집정관의 군대를 모두 격파하면서 로마군에 엄청난 타격을 주었지요. 드디어 스파르타쿠스 일행은 알프스산맥이 보이는 곳까지 이르렀어요. 알프스산맥만 넘으면 이탈리아반도를 벗어나므로 로마에서 탈출하는 것이지요.

스파르타쿠스의 노예 반란

그런데 스파르타쿠스 일행은 알프스산맥을 넘지 않고 갑자기 남쪽으로 다시 내려왔답니다. 왜 그런 결정을 내렸는지는 알 수가 없어요. 아마도 스파르타쿠스 일행에 뒤이어 합류한 이들 중에 이탈리아 남부 출신이 많았기 때문인지도 몰라요. 노예라는 처지가 너무나 싫지만 고향을 떠나 낯선 곳으로는 가고 싶지 않았을지도요. 스파르타쿠스는 자신을 따르는 사람들만 데리고 로마를 벗어날 수도 있었지만 그렇게 하지 않았어요.

크라수스가 8개의 군단으로 공격해 왔어요

스파르타쿠스 일행이 이탈리아로 되돌아온다는 소식을 접한 로마 원로원은 다시 한번 그들을 토벌하기로 했어요. 이미 두 집정관이 스파르타쿠스에게 패했기에 법무관인 크라수스가 군단을 지휘하게 되었지요.

크라수스는 로마에서 가장 부유한 사람이었어요. 그는 집정관의 6개 군단 외에도 자신의 재산을 털어 병사를 모았답니다. 총 8개의 군단이 스파르타쿠스 일행을 토벌하러 갔어요. 그럼에도 불구하고 크라수스의 군단은 스파르타쿠스와의 첫 전투에서 패했답니다.

"노예들은 목숨을 걸고 싸우는데, 로마 병사들은 달아나기 바쁘다니!"

크라수스는 로마군의 나약한 정신력 때문에 전투에서 졌다고 생각했어요. 스파르타쿠스 군은 자신들의 자유를 위해 목숨 걸고 싸웠으니까요. 그래서 크라수스는 로마군에 특단의 조치를 취하게 된답니다.

잔인한 크라수스의 전략, 10분의 1형

로마군의 형벌 중에는 '데키마티오'라고 불리는 벌이 있어요. 데키마티오는 열 명씩 구성된 부대에서 직접 한 명씩 벌받을 사람을 뽑게 하지요. 뽑힌 한 명을 동료 병사 아홉 명이 죽인다고 해서 '10분의 1의 형벌'이라고 해요. 전투 중 도망가거나 패배의 원인으로 지목된 동료를 죽일 때 쓰는 아주 극단적인 형벌이었어요.

로마인들조차 데키마티오는 너무도 잔인하다고 생각했어요. 그래서 원로원에서는 형벌을 꼭 진행해야만 했는지 추궁하기 십상이었지요. 하지만 크라수스가 첫 전투를 실패한 책임으로 이 잔혹한 형벌을 실행했을 때 원로원은 모르는 척했답니다.

살벌한 형벌 때문이었는지 로마군의 기세는 흉흉해졌어요. 한편으로는 반드시 노예 군단을 토벌하겠다는 의지가 불타올랐지요.

스파르타쿠스는 시칠리아로 가려고 했어요

스파르타쿠스 일행은 검투사와 같은 남자 노예들만 있었던 게 아니에요. 도망쳐 나온 노예와 양치기들을 비롯해 그들의 가족과 여성도 많았어요. 그에 비해 8개의 로마 군단은 체계적으로 훈련받은 어마어마한 대군이었지요. 연이은 패배로 독기도 바짝 올랐고요. 스파르타쿠스 일행은 점점 수세에 몰리면서 이탈리아반도 남쪽까지 이르게 되었어요. 그들은 시칠리아로 건너가서 새롭게 시작하려 했어요.

스파르타쿠스는 로마군의 눈을 피해 해적들과 협상을 했답니다. 하지만 해적들은 스파르타쿠스 일행을 배에 태워 주지 않았어요. 로마군의 보복이 두려웠기 때문이었지요. 그때 외국으로 원정을 갔던 로마 군단들이 속속 돌아오고 있다는 소식이 들려왔어요.

심리전에 휘말렸어요

크라수스의 병사들은 스파르타쿠스 군단을 향해 소리쳤어요.
"폼페이우스가 돌아오면, 너희들은 다 죽었어!"
폼페이우스는 세르토리우스 전쟁에서 막 이기고 돌아오는 로마의 장군이었어요. 막연한 두려움이 스파르타쿠스 군단 사이로 퍼져 나갔어요. 그러자 스파르타쿠스 군단의 마음도 흔들리기 시작했어요. 그들은 애초에 살아온 환경이나 상황 등이 너무나 달랐어요. 그저 좀 더 나은 삶을 위해 잠시 뭉쳐 있었던 무리인 셈이지요.

스파르타쿠스의 노예 반란

"우리는 잘 싸워 왔다. 로마군 따위는 무서울 것 없다. 싸우자!"
스파르타쿠스는 사람들의 마음을 다독였지만 일부 사람들이 무리에서 벗어나기 시작했어요. 무리에서 이탈한 사람들은 하나둘씩 로마군에 의해 제거되었어요. 스파르타쿠스 군단은 추격해 오는 로마군들을 때때로 물리쳤지만, 군단의 규모가 점점 줄어들어 계속 후퇴할 수밖에 없었지요.

최후의 결전을 벌였어요

드디어 브린디시 항구에 원정을 나갔던 로마군이 도착했어요. 이탈리아반도 남쪽 끝 바닷가에 몰려 있던 스파르타쿠스 일행은 로마군과의 전면전은 피하고 싶었어요. 로마군과의 전력 차이가 너무나도 컸기 때문이지요. 스파르타쿠스는 일단 후퇴하려고 했어요. 하지만 그를 따르는 사람들의 생각은 달랐지요.

"여기서 후퇴할 곳이 과연 있단 말인가?"

스파르타쿠스의 노예 반란

"옳은 말이야. 죽기 전에 로마 놈들, 한 놈이라도 없앤다면 여기서 죽더라도 여한이 없어."

스파르타쿠스는 그들의 마음을 너무나도 잘 알고 있었지요.

최후의 결전을 결심한 스파르타쿠스는 자신이 타던 말의 목을 베었어요.

"이제 나는 말이 필요 없다. 싸움에서 이기면 새로운 말이 생길 것이고, 진다면 더 이상 필요하지 않을 테니까."

그동안 고마웠다.

167

황제처럼 싸우다 죽었어요

기록에 따르면 크라수스의 로마군은 정규 군단 외에 보조군까지 합쳐 6만여 명에 달했을 거라고 해요. 스파르타쿠스의 마지막 결사대는 이런 수적인 열세에도 불구하고 엄청나게 잘 싸웠다고 전해져요. 두 명의 백인대장을 죽이고 최고 지휘관인 크라수스의 눈앞까지 이르렀지만, 수적으로 몰아닥친 로마군의 전력을 이길 수는 없었지요.

스파르타쿠스의 노예 반란

역사가들은 '스파르타쿠스가 황제처럼 싸우다 죽었다'라고 기록하고 있어요. 또한 '노예들은 용감하게 싸우다 사나이답게 죽어 갔다'라고 했지요. 스파르타쿠스가 죽자 노예 군병들은 후퇴하기 시작했어요. 달아나던 중 하필이면 서둘러 달려오던 폼페이우스 군을 만나게 되었어요. 6천여 명이 포로로 잡혔고 그들은 모두 십자가형에 처해졌어요. 노예들이 두 번 다시 반란을 일으키지 못하도록 본보기를 보이기 위해서였지요.

스파르타쿠스의 반란이 실패했어요

크라수스는 아피우스 가도에 십자가를 세워 포로로 잡은 노예들을 오랜 기간 매달아 놓았어요. 그러나 놀랍게도 노예들은 십자가 위에서 죽어 가면서도 당당했답니다. 로마를 조롱하면서 자신의 행동을 후회하지 않았지요. 노예 전쟁이라 불린 스파르타쿠스의 반란은 이렇게 끝이 나고 말았어요. 이 반란으로 노예들의 처우는 조금 나아졌지만 크게 달라지지는 않았어요. 로마인들은 검투 경기를 너무 좋아해서 검투 시합도 포기하지 않았지요.

스파르타쿠스의 노예 반란

다만 검투 경기가 있는 날에는 혹시나 모를 반란을 대비하여 항상 로마군을 배치했을 뿐이었지요. 그러나 지중해를 제패한 로마 군단이 노예들에게 그렇게 당했다는 건 참으로 부끄러운 일이었어요.
이후로도 노예 반란은 끊임없이 일어났지만 로마인들은 변하지 않았어요. 결국 노예들은 훗날 서로마 제국을 멸망시킨 게르만족에게 힘을 보탰답니다.

로마 이야기 배움터

고대 로마 사회의 노예 생활은 어땠을까?

고대 사회는 대부분 노예 제도가 있었지만 특히 로마에서 두드러졌어요. 이탈리아 남부나 시칠리아에서 대규모 농장의 노예 집단이 농장을 경영했지요. 로마인 삶의 모든 영역에 노예가 있었던 셈이에요. 로마인들은 자신의 권력을 과시하기 위해 노예를 모자이크나 그림으로 장식하기도 했어요.

노예는 자신이 속한 주인의 성향이나 지닌 재주, 맡은 일에 따라 대우도 각자 달랐어요. 노예들 간에 신분의 차이도 있었답니다. 가정 교사 역할을 맡은 노예는 주인의 자식을 가르치면서 때로는 체벌을 할 수도 있었지요.

매년 12월 로마에서 사투르날리아 축제가 열리면 노예들에게 평소에 누릴 수 없는 자유를 주기도 했어요. 이때 주인의 신뢰를 얻은 노예는 자유민으로 풀어 주기도 했답니다. 주인들은 풀려난 해방 노예를 본보기 삼아 노예들에게 더 많은 헌신과 봉사를 요구했지요.

로마 이야기 놀이터

스파르타쿠스의 노예 반란은 로마 역사에 큰 영향을 미쳤어요. 아래 그림을 보고 일어난 순서대로 번호를 적고, 빈칸에 자신만의 이야기를 만들어 보세요.

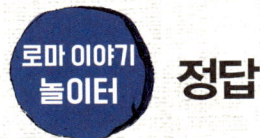 ## 정답

▼ 40~41쪽

▼ 92~93쪽

▼ 130~131쪽

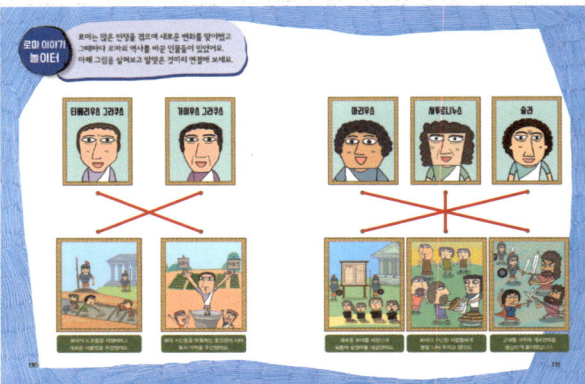

▼ 174~175쪽

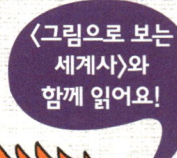

〈그림으로 보는 로마 이야기〉 시리즈는 전 5권입니다.

1권 도시 국가 로마
2권 공화정과 포에니 전쟁
3권 개혁과 노예 반란
4권 공화정의 몰락
5권 로마 제국의 멸망

〈그림으로 보는 세계사〉와 함께 읽어요!

기원후(A.D.)		
14년	아우구스투스 사망 티베리우스, 제2대 황제 즉위	
37년	티베리우스 사망 칼리굴라, 제3대 황제 즉위	
41년	칼리굴라 암살 클라우디우스, 제4대 황제 즉위	
43년	로마의 브리튼 침공	
49년	클라우디우스, 조카인 아그리피나와 결혼	
50년	클라우디우스, 네로를 아들로 입양	
54년	네로, 제5대 황제 즉위	
64년	로마 대화재 발생. 네로의 크리스트교도 박해	
66년	제1차 유대-로마 전쟁	
68년	네로 사망	
69년	4황제의 해 (갈바 ➡ 오토 ➡ 비텔리우스 ➡ 베스파시아누스)	
79년	티투스 황제 계승	
80년	콜로세움 완공	
81년	도미티아누스 황제 계승	
96년	5현제 시대 시작 (네르바 ➡ 트라야누스 ➡ 하드리아누스 ➡ 안토니누스 ➡ 아우렐리우스)	
101년	트라야누스의 다키아 원정	
117년	로마 제국의 영토가 최대로 확장됨	
193년	로마의 황제가 근위대에 피살되는 사건이 연속적으로 일어남	
212년	카라칼라 칙령으로 속주민에게도 로마 시민권을 부여	
235년	26명의 군인 황제 시대 시작	
250년	데키우스 황제의 크리스트교도 박해	
260년	갈리아 제국, 로마에서 분리	
267년	팔미라 제국, 로마에서 분리	
273년	아우렐리아누스, 로마를 통일	
284년	디오클레티아누스, 군인 황제 시대를 끝내고 황제 즉위	
293년	디오클레티아누스, 사두 정치 시행	
303년	디오클레티아누스, 크리스트교 탄압 정책 시행	
305년	디오클레티아누스 황제 퇴위	

제국 연표 A.D.14~1453

기원전(B.C.)	
100년	카이사르 출생
91년	동맹시 전쟁 발발
88년	미트리다테스 전쟁. 술라가 집정관에 선출됨
87년	술라와 마리우스의 대립으로 인한 내전
83년	술라의 로마 진격
81년	술라, 독재관에 선출됨. 술라의 공포 정치
73년	스파르타쿠스의 노예 반란
70년	폼페이우스와 크라수스가 집정관에 선출됨
67년	폼페이우스, 지중해에서 해적 소탕
64년	폼페이우스, 시리아 정복
60년	제1차 삼두 정치 형성
59년	카이사르, 집정관 취임
58년	카이사르, 갈리아 속주 총독 부임
53년	크라수스, 파르티아 원정 중 사망
51년	카이사르, 갈리아 전체를 굴복시킴
49년	카이사르, 로마 내전 시작
48년	카이사르, 디라키움 전투 패배 카이사르, 파르살루스 전투 승리 폼페이우스 사망
47년	카이사르, 클레오파트라와 동맹
46년	탑수스 전투 카이사르, 개선식 거행 카이사르, 임기 10년의 독재관 취임
44년	카이사르, 종신 독재관 취임 카이사르 암살 옥타비아누스, 카이사르의 후계자로 등장
43년	옥타비아누스, 집정관 부임 제2차 삼두 정치 형성
42년	옥타비아누스와 안토니우스, 브루투스와 카시우스 격파
40년	삼두, 브린디시 협정으로 로마를 분할 통치
36년	안토니우스, 파르티아 원정
31년	옥타비아누스, 악티움 해전 승리
27년	옥타비아누스, 아우구스투스의 칭호를 받음

B.C. 753 ~ 27 로마

기원전(B.C.)

753년	로물루스, 도시 국가 로마 건국
715년	제2대 왕 누마 폼필리우스, 로마의 종교 의례를 제도화함
673년	제3대 왕 툴루스 호스틸리우스, 알바롱가 왕국 통합
641년	제4대 왕 안쿠스 마르키우스, 로마에 수도관 설치. 오스티아 정복
615년	제5대 왕 타르퀴니우스 프리스쿠스, 에트루리아의 기술로 도시 로마 건설
579년	제6대 왕 세르비우스 툴리우스, 인구 조사를 실시하고 군대 개혁
534년	제7대 왕 타르퀴니우스 수페르부스, 카피톨리노 언덕에 신전 건설
509년	왕정에서 공화정으로 바뀜
494년	호민관 설치
493년	라틴 동맹 결성
449년	귀족과 평민의 대립 심화로 성산 사건 발생 로마 최초의 성문법인 12표법 완성
367년	리키니우스·섹스티우스법 제정. 평민 출신 집정관 탄생
343년	제1차 삼니움 전쟁
326년	제2차 삼니움 전쟁
312년	아피우스 가도 건설 시작
298년	제3차 삼니움 전쟁
280년	피로스 전쟁
272년	로마의 이탈리아반도 통일
264년	제1차 포에니 전쟁
259년	로마 해군, 말라이에서 카르타고군을 무찌름
221년	카르타고의 한니발, 이베리아 총독으로 부임
218년	한니발, 제2차 포에니 전쟁을 일으킴
216년	한니발, 칸나에 전투에서 승리
202년	로마의 스키피오, 자마 전투에서 승리
201년	카르타고, 로마와 평화 조약 체결
150년	카르타고, 평화 조약을 어기고 누미디아와 전쟁
149년	제3차 포에니 전쟁
146년	카르타고 멸망
133년	호민관 티베리우스 그라쿠스의 농지 개혁
123년	호민관 가이우스 그라쿠스의 곡물법, 도로법 등 개혁안 추진
111년	유구르타 전쟁. 토지법 공포
107년	집정관 마리우스의 군제 개혁 실시. 지원병제로 전환

기원후(A.D.)	
312년	콘스탄티누스, 로마 서방의 황제 즉위
313년	밀라노 칙령으로 크리스트교 공인
324년	콘스탄티누스, 로마 제국의 황제 즉위
330년	콘스탄티누스, 수도를 비잔티움으로 옮김
337년	콘스탄티누스 사망. 로마 제국 3등분
375년	게르만족의 이동이 시작됨
379년	테오도시우스, 로마 동방의 황제 즉위
392년	크리스트교를 로마의 국교로 선포
395년	동로마와 서로마 분리
451년	훈족, 서로마 침공
476년	게르만족의 침입으로 서로마 제국 멸망
534년	유스티니아누스, 〈로마법 대전〉 완성
962년	신성 로마 제국의 성립
1453년	오스만 튀르크에 의해 동로마 제국 멸망

콘스탄티누스

로마 제국 멸망